CARMEN

OPÉRA COMIQUE

edited by

H. WYNN RICKEY, PhD.
Alabama College

MARGARET SHRIVER
Southern Methodist University

 Glencoe

New York, New York   Columbus, Ohio   Chicago, Illinois   Peoria, Illinois   Woodland Hills, California

ISBN: 0-8442-1183-4

 Glencoe

The McGraw-Hill Companies

12 13 14 15 16 17   VP   09 08 07 06 05 04

FOREWORD

The brilliantly exuberant and colorful music of Georges Bizet's *Carmen* rests upon the foundation of a powerful libretto, produced by Henri Meilhac and Ludovic Halévy. This highly talented and prolific team of collaborators wrote some of the most popular librettos of their age. Accepting Bizet's proposal to adapt Prosper Mérimée's short novel *Carmen* to the operatic form, Meilhac and Halévy created a text whose fine dramatic qualities can be appreciated even apart from the brilliance of Bizet's music.

This present edition of the libretto provides intermediate students of French with the opportunity to encounter one of the great cultural treasures of France and of the world. The detailed study of such a masterpiece can afford students pleasure and inspiration for years to come.

In addition to the cultural benefits to be derived from a study of *Carmen*, the libretto offers students an introduction to written French that is both accessible and richly dramatic. The exigencies of a musical drama determine that the sentence structure of a libretto be kept simple, so that the audience can readily understand what is being sung. For the same reason, vocabulary is direct and unadorned.

These considerations make this text ideal for students attempting to read French for the first time. With *Carmen*, they will be dealing with a work whose language is within their grasp and which is eminently worth reading for its own merits.

To aid students in their study of the drama, the editors have provided exercises designed to test comprehension. Word and idiom drills have also been created to facilitate acquisition of vocabulary. A complete French-English vocabulary at the end of the book further aids students in their reading.

This edition may be used in independent study programs, where students choose texts to read according to their individual interests. It can also be employed in more standard intermediate classes, as a literary accompaniment to the study of grammar.

The use of one of the many fine recordings of *Carmen* would serve as an enriching supplement to class reading assignments. Attendance at a nearby performance of the opera would also lend additional meaning and dimension to the student's work.

Optional materials for use with the *Carmen* text from National Textbook Company include a comprehension workbook (1167-2) and a set of two cassette tapes (1187-7) for use with the workbook.

PERSONNAGES

MORALÈS

MICAËLA

DON JOSÉ

Le LIEUTENANT ZUNIGA

CARMEN

MERCÉDÈS

FRASQUITA

LILLAS PASTIA

ESCAMILLO

Le DANCAÏRE

Le REMENDADO

Le GUIDE

ANDRÈS

Soldats, Passants, Jeunes Gens, Cigarières, Bourgeois, Bohémiens, Bohémiennes, Contrabandiers, Marchands d'eau, d'oranges, d'éventails, Officiers, Alguazils, Chulo, Banderilleros, Picadors, Trompettes

Séville, Espagne – 1820

ACTE PREMIER

Une place à Séville.
A droite, la porte de la manufacture de tabac.
Au fond, un pont qui traverse la scène.
De la scène on arrive à ce pont par un escalier tournant.
A gauche, au premier plan, le corps de garde.
Devant le corps de garde, une petite galerie couverte, et un râtelier
pour les lances des dragons* avec leurs banderolles jaunes et rouges.

SCÈNE PREMIÈRE

MORALÈS, MICAËLA, SOLDATS, PASSANTS.

Au lever du rideau, une quinzaine de soldats (Dragons du régiment
d'Almanza), sont groupés devant le corps de garde. Les uns assis et
fumant, les autres accoudés sur la balustrade de la galerie.
Mouvement de passants sur la place. Des gens pressés, affairés,
vont et viennent, se rencontrent, se saluent, se bousculent, etc.

CHŒUR : Sur la place chacun passe,
Chacun vient, chacun va;
Drôles de gens que ces gens-là.

MORALÈS : A la porte du corps de garde
Pour tuer le temps,
On fume, on jase, l'on regarde
Passer les passants.

REPRISE DU CHŒUR : Sur la place chacun passe,
Chacun vient, chacun va;
Drôles de gens que ces gens-là.

Depuis quelques minutes Micaëla est entrée.
Jupe bleue, nattes tombant sur les épaules.
Hésitante, embarrassée, elle regarde les soldats, avance, recule, etc.

*Dragon : soldier

1

MORALÈS, *aux soldats*: Regardez donc cette petite
Qui semble vouloir nous parler,
Voyez, elle tourne, elle hésite.

CHŒUR: A son secours il faut aller.

MORALÈS, *à Micaëla*: Que cherchez-vous, la belle?

MICAËLA: Je cherche un brigadier.★

MORALÈS: Je suis là, voilà!

MICAËLA: Mon brigadier, à moi, s'appelle
Don José . . . le connaissez-vous?

MORALÈS: José, nous le connaissons tous.

MICAËLA: Est-il avec vous, je vous prie?

MORALÈS: Il n'est pas brigadier dans notre compagnie.

MICAËLA, *désolée*: Alors il n'est pas là.

MORALÈS: Non, ma charmante, il n'est pas là,
Mais tout à l'heure il y sera.
Il y sera quand la garde montante
Remplacera la garde descendante.

TOUS: Il y sera quand la garde montante
Remplacera la garde descendante.

MORALÈS: Mais en attendant qu'il vienne,
Voulez-vous, la belle enfant,
Voulez-vous prendre la peine
D'entrer chez nous un instant?

MICAËLA: Chez vous!

LES SOLDATS: Chez nous!

MICAËLA: Non pas, non pas
Grand merci, messieurs les soldats.

MORALÈS: Entrez sans crainte, mignonne,
Je vous promets qu'on aura,

★*Brigadier :* corporal

Pour votre chère personne,
Tous les égards qu'il faudra.

MICAËLA : Je n'en doute pas ; cependant
Je reviendrai, c'est plus prudent.
Reprenant en riant la phrase du sergent
Je reviendrai quand la garde montante
Remplacera la garde descendante.

LES SOLDATS, *entourant Micaëla* : Vous resterez.

MICAËLA, *cherchant à se dégager* : Non pas ! non pas !

LES SOLDATS : Vous resterez.

MICAËLA : Non pas ! non pas !
Au revoir, messieurs les soldats.
Elle s'échappe et se sauve en courant

MORALÈS : L'oiseau s'envole,
On s'en console,
Reprenons notre passe-temps,
Et regardons passer les gens.

REPRISE : Sur la place, chacun passe,
Chacun vient, chacun va ;
Drôles de gens que ces gens-là.

Le mouvement des passants qui avait cessé pendant la scène de Micaëla a repris avec une certaine animation.

Parmi les gens qui vont et viennent, un vieux monsieur donnant le bras à une jeune dame.

Le vieux monsieur voudrait continuer sa promenade, mais la jeune dame fait tout ce qu'elle peut pour le retenir sur la place.

Elle paraît émue, inquiète.

Elle regarde à droite, à gauche.

Elle attend quelqu'un et ce quelqu'un ne vient pas.

Cette pantomime doit cadrer très exactement avec le couplet suivant.

MORALÈS : I
Attention ! chut ! Taisons-nous !
Voici venir un vieil époux,
Œil soupçonneux, mine jalouse,
Il tient au bras sa jeune épouse ;

L'amant sans doute n'est pas loin;
Il va sortir de quelque coin.

En ce moment un jeune homme entre rapidement sur la place.

Ah! ah! ah! ah! Le voilà.
Voyons comment ça tournera.

Le second couplet continue et s'adapte fidèlement à la scène mimée par les trois personnages.

Le jeune homme s'approche du vieux monsieur et de la jeune dame, salue et échange quelques mots à voix basse, etc...

MORALÈS: II
Imitant le salut empressé du jeune homme.
Vous trouver ici, quel bonheur!
Prenant l'air rechigné du vieux mari
Je suis bien votre serviteur.
Reprenant l'air du jeune homme
Il salue, il parle avec grâce.
Puis l'air du vieux mari
Le vieux mari fait la grimace;
Imitant les mines souriantes de la dame
Mais d'un air fort encourageant
La dame accueille le galant.

Le jeune homme, à ce moment, tire de sa poche un billet qu'il fait voir à la dame.

Ah! ah! ah! ah! L'y voilà
Voyons comment ça tournera.

Le mari, la femme et le galant font tous les trois très lentement un petit tour sur la place.

Le jeune homme cherche à remettre son billet doux à la dame.

MORALÈS: III
Ils font ensemble quelques pas;
Notre amoureux, levant le bras,
Fait voir au mari quelque chose,
Et le mari toujours morose
Regarde en l'air ... Le tour est fait,
Car la dame a pris le billet.

Le jeune homme, d'une main, montre quelque chose en l'air au vieux mari et de l'autre, passe le billet à la dame.

Ah! ah! ah! ah! Et voilà,
On voit comment ça tournera.

On entend au loin, très au loin, une marche militaire, clairons et fifres. C'est la garde montante qui arrive.
Le vieux monsieur et le jeune homme échangent une cordiale poignée de main.
Salut respectueux du jeune homme à la jeune dame.
Un officier sort du poste.
Les soldats du poste vont prendre leurs lances et se rangent en ligne devant le corps de garde.
Les passants à droite forment un groupe pour assister à la parade.
La marche militaire se rapproche, se rapproche.
La garde montante débouche enfin venant de la gauche et traverse le pont.
Deux clairons et deux fifres d'abord.
Puis une bande de petits gamins qui s'efforcent de faire de grandes enjambées pour marcher au pas des dragons. Aussi petits que possible, les enfants.
Derrière les enfants, le lieutenant Zuniga et le brigadier don José, puis les dragons avec leurs lances.

SCÈNE II

LES MÊMES, DON JOSÉ, LE LIEUTENANT.

LES GAMINS: Avec la garde montante
Nous arrivons, nous voilà . . .
Sonne, trompette éclatante,
Ta ra ta ta, ta ra ta ta;
Nous marchons la tête haute
Comme de petits soldats,
Marquant sans faire de faute,
Une . . . deux . . . marquant le pas.
Les épaules en arrière

Et la poitrine en dehors,
Les bras de cette manière
Tombant tout le long du corps;
Avec la garde montante
Nous arrivons, nous voilà,
Sonne, trompette éclatante,
Ta ra ta ta, ta ra ta ta.

La garde montante va se ranger à droite en face de la garde descendante.

Dès que les petits gamins qui se sont arrêtés à droite devant les curieux ont fini de chanter, les officiers se saluent de l'épée et se mettent à causer à voix basse.

On relève les sentinelles.

MORALÈS, *à don José*: Il y a une jolie fille qui est venue te demander. Elle a dit qu'elle reviendrait . . .

DON JOSÉ: Une jolie fille?

MORALÈS: Oui, et gentiment habillée, une jupe bleue, des nattes tombant sur les épaules . . .

DON JOSÉ: C'est Micaëla. Ce ne peut être que Micaëla.

MORALÈS: Elle n'a pas dit son nom.

Les factionnaires sont relevés.
Sonneries des clairons.
La garde descendante passe devant la garde montante.
Les gamins en troupe reprennent derrière les clairons et les fifres de la garde descendante la place qu'ils occupaient derrière les tambours et les fifres de la garde montante.

REPRISE: Et la garde descendante
Rentre chez elle et s'en va.
Sonne, trompette éclatante,
Ta ra ta ta, ta ra ta ta.
Nous partons la tête haute
Comme de petits soldats,
Marquant, sans faire de faute,

Une . . . deux . . . marquant le pas.
Les épaules en arrière
Et la poitrine en dehors,
Les bras de cette manière
Tombant tout le long du corps.
Et la garde descendante
Rentre chez elle et s'en va.
Sonne, trompette éclatante,
Ta ra ta ta, ta ra ta ta.

Soldats, gamins et curieux s'éloignent par le fond ; chœur, fifres et clairons vont diminuant.

L'officier de la garde montante, pendant ce temps, passe silencieusement l'inspection de ses hommes.

Quand le chœur de gamins et les fifres ont cessé de se faire entendre, le lieutenant dit : "Présentez lances . . . Haut lances . . . Rompez les rangs."

Les dragons vont tous déposer leurs lances dans le râtelier, puis ils rentrent dans le corps de garde.

Don José et le lieutenant restent seuls en scène.

SCÈNE III

LE LIEUTENANT, DON JOSÉ.

LE LIEUTENANT : Dites-moi, brigadier?

JOSÉ, *se levant* : Mon lieutenant.*

LE LIEUTENANT : Je ne suis dans le régiment que depuis deux jours et jamais je n'étais venu à Séville. Qu'est-ce que c'est que ce grand bâtiment?

JOSÉ : C'est la manufacture de tabac . . .

LE LIEUTENANT : Ce sont des femmes qui travaillent là? . . .

JOSÉ : Oui, mon lieutenant.* Elles n'y sont pas maintenant; tout à

*Mon lieutenant : respectful address; the mon need not be translated.

l'heure, après leur dîner, elles vont revenir. Et je vous réponds qu'alors il y aura du monde pour les voir passer.

LE LIEUTENANT: Elles sont beaucoup?

JOSÉ: Ma foi, elles sont bien quatre ou cinq cents qui roulent des cigares dans une grande salle . . .

LE LIEUTENANT: Ce doit être curieux.

JOSÉ: Oui, mais les hommes ne peuvent pas entrer dans cette salle sans une permission . . .

LE LIEUTENANT: Ah!

JOSÉ: Parce que, lorsqu'il fait chaud, ces ouvrières se mettent à leur aise, surtout les jeunes.

LE LIEUTENANT: Il y en a de jeunes?

JOSÉ: Mais oui, mon lieutenant.

LE LIEUTENANT: Et de jolies?

JOSÉ, en riant: Je le suppose . . . Mais à vous dire vrai, et bien que j'aie été de garde ici plusieurs fois déjà, je n'en suis pas bien sûr, car je ne les ai jamais beaucoup regardées . . .

LE LIEUTENANT: Allons donc! . . .

JOSÉ: Que voulez-vous? . . . ces Andalouses me font peur. Je ne suis pas fait à leurs manières, toujours à railler . . . jamais un mot de raison . . .

LE LIEUTENANT: Et puis nous avons un faible pour les jupes bleues et pour les nattes tombant sur les épaules . . .

JOSÉ, riant: Ah! mon lieutenant a entendu ce que me disait Moralès? . . .

LE LIEUTENANT: Oui . . .

JOSÉ: Je ne le nierai pas . . . la jupe bleue, les nattes . . . c'est le costume de la Navarre . . . ça me rappelle le pays . . .

LE LIEUTENANT: Vous êtes Navarrais?

JOSÉ: Et vieux chrétien.* Don José Lizzarabengoa, c'est mon nom . . . On voulait que je fusse d'église, et l'on m'a fait étudier. Mais je ne profitais guère, j'aimais trop jouer à la paume . . . Un jour que j'avais gagné, un gars de l'Alava me chercha querelle; j'eus encore l'avantage, mais cela m'obligea de quitter le pays. Je me fis soldat! Je n'avais plus mon père; ma mère me suivit et vint s'établir à dix lieues de Séville . . . avec la petite Micaëla . . . c'est une orpheline que ma mère a recueillie, et qui n'a pas voulu se séparer d'elle . . .

LE LIEUTENANT: Et quel âge a-t-elle, la petite Micaëla?

JOSÉ: Dix-sept ans . . .

LE LIEUTENANT: Il fallait dire cela tout de suite . . . Je comprends maintenant pourquoi vous ne pouvez pas me dire si les ouvrières de la manufacture sont jolies ou laides . . .

La cloche de la manufacture se fait entendre.

JOSÉ: Voici la cloche qui sonne, mon lieutenant, et vous allez pouvoir juger par vous-même . . . Quant à moi, je vais faire une chaîne pour attacher mon épinglette.

SCÈNE IV

DON JOSÉ, SOLDATS, JEUNES GENS, ET CIGARIÈRES.

La place se remplit de jeunes gens qui viennent se placer sur le passage des cigarières.
Les soldats sortent du poste.
Don José s'assied sur une chaise, et reste là fort indifférent à toutes ces allées et venues, travaillant à son épinglette.

*Vieux chrétien: By this statement Don José is establishing that he comes from a very old family, since the earliest families in Navarre were Christian, rather than Moorish or Jewish.

CHŒUR: La cloche a sonné, nous, des ouvrières
            Nous venons ici guetter le retour;
            Et nous vous suivrons, brunes cigarières,
            En vous murmurant des propos d'amour.

A ce moment paraissent les cigarières, la cigarette aux lèvres. Elles
passent sous le pont et descendent lentement en scène.

LES SOLDATS: Voyez-les . . . Regards imprudents,
            Mine coquette
            Fumant toutes du bout des dents
            La cigarette.

LES CIGARIÈRES: Dans l'air nous suivons des yeux
            La fumée qui vers les cieux
            Monte, monte parfumée.
            Dans l'air nous suivons des yeux
            La fumée, la fumée, la fumée, la fumée.

            Cela monte doucement à la tête,
            Cela vous met gentiment l'âme en fête,
            Dans l'air nous suivons des yeux
            La fumée, la fumée, la fumée, la fumée.

            Le doux parler des amants, c'est fumée.
            Leurs transports et leurs serments, c'est fumée.
            Dans l'air nous suivons des yeux
            La fumée, la fumée, la fumée, la fumée.

LES JEUNES GENS, *aux cigarières*:
            Sans faire les cruelles,
            Ecoutez-nous, les belles
            Vous que nous adorons,
            Que nous idolâtrons.

LES CIGARIÈRES, *reprennent en riant*:
            Le doux parler des amants, c'est fumée;
            Leurs transports et leurs serments, c'est fumée,
            Dans l'air nous suivons des yeux
            La fumée, la fumée, la fumée, la fumée.

SCÈNE V

LES MÊMES, CARMEN

LES SOLDATS : Nous ne voyons pas la Carmencita.

LES CIGARIÈRES ET LES JEUNES GENS :
La voilà, la voilà,
Voilà la Carmencita.

Entre Carmen. Absolument le costume et l'entrée indiqués par Mérimée : jupon rouge fort court qui laisse voir des bas de soie blancs avec plus d'un trou ; des souliers rouges attachés avec des rubans couleur de feu ; elle écarte sa mantille afin de montrer ses épaules.
Elle a un bouquet de cassie à son corsage et une fleur de cassie dans le coin de sa bouche ; elle s'avance en se balançant sur ses hanches.
Trois ou quatre jeunes gens entrent avec Carmen.
Ils la suivent, l'entourent, lui parlent.
Elle minaude et caquette avec eux.
Don José lève la tête.
Il regarde Carmen, puis se remet à travailler tranquillement à son épinglette.

LES JEUNES GENS, *entrés avec Carmen* :
Carmen, sur tes pas, nous nous pressons tous ;
Carmen, sois gentille, au moins réponds-nous
Et dis-nous quel jour tu nous aimeras.

CARMEN, *les regardant* :
Quand je vous aimerai, ma foi, . . . je ne sais pas.
Peut-être jamais, peut-être demain ;
Mais pas aujourd'hui, c'est certain.

L'amour est un oiseau rebelle
Que nul ne peut apprivoiser,
Et c'est bien en vain qu'on l'appelle
S'il lui convient de refuser.
Rien n'y fait ; menace où prière,
L'un parle bien, l'autre se tait ;
Et c'est l'autre que je préfère,
Il n'a rien dit, mais il me plaît.

L'amour est enfant de Bohême,
Il n'a jamais connu de loi;
Si tu ne m'aimes pas, je t'aime;
Si je t'aime, prends garde à toi! . . .
L'oiseau que tu croyais surprendre
Battit de l'aile et s'envola . . .
L'amour est loin, tu peux l'attendre
Tu ne l'attends plus . . . il est là . . .
Tout autour de toi, vite, vite,
Il vient, s'en va, puis il revient . . .
Tu crois le tenir, il t'évite,
Tu veux l'éviter, il te tient.

L'amour est enfant de Bohême,
Il n'a jamais connu de loi;
Si tu ne m'aimes pas, je t'aime
Si je t'aime, prends garde à toi!

LES JEUNES GENS:
Carmen, sur tes pas, nous nous pressons tous;
Carmen, sois gentille, au moins réponds-nous.

Moment de silence.

Les jeunes gens entourent Carmen; celle-ci les regarde l'un après l'autre, sort du cercle qu'ils forment autour d'elle et s'en va droit à don José, qui est toujours occupé de son épinglette.

CARMEN: Eh! compère, qu'est-ce que tu fais là? . . .

JOSÉ: Je fais une chaîne avec du fil de laiton, une chaîne pour attacher mon épinglette.

CARMEN, *riant*: Ton épinglette, vraiment! ton épinglette . . . épinglier de mon âme . . .

Carmen arrache de son corsage la fleur de cassie et la lance à don José. Il se lève brusquement. La fleur de cassie est tombée à ses pieds.
Eclat de rire général.
La cloche de la manufacture sonne une deuxième fois.
Sortie des ouvrières et des jeunes gens sur la reprise de:

L'amour est enfant de Bohême, . . .

Carmen sort la première en courant.
Elle entre dans la manufacture.
Les jeunes gens sortent à droite et à gauche.
Le lieutenant qui, pendant cette scène, bavardait avec deux ou
trois ouvrières, les quitte et rentre dans le poste après que les soldats y
sont rentrés.

SCÈNE VI

JOSÉ.

JOSÉ: Qu'est-ce que cela veut dire, ces façons-là? . . . Quelle
effronterie! . . . *En souriant.* Tout ça parce que je ne faisais
pas attention à elle! . . . Alors, suivant l'usage des femmes et
des chats qui ne viennent pas quand on les appelle et qui
viennent quand on ne les appelle pas, elle est venue . . .

Il regarde la fleur de cassie qui est par terre à ses pieds. Il la
ramasse.

Avec quelle adresse elle me l'a lancée, cette fleur . . . là, juste
entre les deux yeux . . . ça m'a fait l'effet d'une balle qui
m'arrivait . . .

Il respire le parfum de la fleur.

Comme c'est fort! . . . Certainement s'il y a des sorcières,
cette fille-là en est une.

Entre Micaëla.

SCÈNE VII

DON JOSÉ, MICAËLA.

MICAËLA: Monsieur le brigadier?

DON JOSÉ, *cachant précipitamment la fleur de cassie*: Quoi? . . .
Qu'est-ce que c'est? . . . Micaëla! . . . c'est toi . . .

MICAËLA: C'est moi! . . .

JOSÉ: Et tu viens de là-bas? . . .

MICAËLA: Et je viens de là-bas . . .C'est votre mère qui m'envoie . . .

JOSÉ: Ma mère . . .

Duo

JOSÉ: Eh bien, parle . . . ma mère

MICAËLA: J'apporte de sa part, fidèle messagère,
Cette lettre.

José regarde la lettre

JOSÉ: . . . Une lettre . . .

MICAËLA: . . . Et puis un peu d'argent.

Elle lui remet une petite bourse.

Pour ajouter à votre traitement,
Et puis . . .

JOSÉ: . . . Et puis?

MICAËLA: . . . Et puis? . . . vraiment je n'ose
Et puis . . . encore une autre chose
Qui vaut mieux que l'argent et qui, pour un bon fils,
Aura sans doute plus de prix.

JOSÉ: Cette autre chose, quelle est-elle?
Parle donc . . .

MICAËLA: . . . Oui, je parlerai;
Ce que l'on m'a donné, je vous le donnerai
Votre mère avec moi sortait de la chapelle,
Et c'est alors qu'en m'embrassant,
Tu vas, m'a-t-elle dit, t'en aller à la ville:
La route n'est pas longue, une fois à Séville,
Tu chercheras mon fils, mon José, mon enfant . . .
Et tu lui diras que sa mère
Songe nuit et jour à l'absent . . .
Qu'elle regrette et qu'elle espère,
Qu'elle pardonne et qu'elle attend;

Tout cela, n'est-ce pas? mignonne,
De ma part tu le lui diras,
Et ce baiser que je te donne
De ma part tu le lui rendras.

JOSÉ, *ému*: Un baiser de ma mère?

MICAËLA: . . . Un baiser pour son fils.
José, je vous le rends, comme je l'ai promis.

Micaëla se hausse un peu sur la pointe des pieds et donne à don José un baiser bien franc, bien maternel. Don José, très ému, la laisse faire. Il la regarde bien dans les yeux.—Un moment de silence. José continue de regarder Micaëla.

JOSÉ: Ma mère, je la vois . . . je revois mon village,
Souvenirs d'autrefois, souvenirs du pays!
Vous remplissez mon cœur de force et de courage
O souvenirs chéris,
Souvenirs d'autrefois! souvenirs du pays!

Ensemble

JOSÉ:	MICAËLA:
Ma mère, je la vois	Sa mère, il la revoit
Je revois mon village.	Il revoit son village.
Souvenirs d'autrefois,	Souvenirs d'autrefois,
Souvenirs du pays!	Souvenirs du pays!
Vous remplissez mon cœur	Vous remplissez son cœur
De force et de courage	De force et de courage
O souvenirs chéris,	O souvenirs chéris,
Souvenirs d'autrefois!	Souvenirs d'autrefois!
Souvenirs du pays!	Souvenirs du pays!

José fixe les yeux sur la manufacture.

JOSÉ: Qui sait de quel démon j'allais être la proie!
Même de loin, ma mère me défend,
Et ce baiser qu'elle m'envoie
Ecarte le péril et sauve son enfant.

MICAËLA: Quel démon, quel péril? je ne comprends pas bien.
Que veut dire cela? . . .

JOSÉ: Rien! rien!
Parlons de toi, la messagère
Tu vas retourner au pays . . .

MICAËLA: Ce soir même, et demain je verrai votre mère.

JOSÉ: Eh bien! tu lui diras que José, que son fils . . .
Que son fils l'aime et la vénère,
Et qu'il se conduit aujourd'hui
En bon sujet pour que sa mère
Là-bas soit contente de lui.
Tout cela, n'est-ce pas? mignonne,
De ma part, tu le lui diras;
Et ce baiser que je te donne,
De ma part tu le lui rendras,

Il l'embrasse.

MICAËLA: Oui, je vous le promets . . . de la part de son fils
José, je le rendrai comme je l'ai promis.

Reprise de l'ensemble.

JOSÉ:	MICAËLA:
Ma mère, je la vois	Sa mère, il la revoit
Je revois mon village.	Il revoit son village.
Souvenirs d'autrefois,	Souvenirs d'autrefois,
Souvenirs du pays! . . .	Souvenirs du pays! . . .

et ainsi de suite

JOSÉ: Attends un peu maintenant . . . je vais lire sa lettre . . .

MICAËLA: J'attendrai, monsieur le brigadier, j'attendrai . . .

José embrasse la lettre avant de commencer à lire.

JOSÉ: Ah! *Lisant:* "Continue à te bien conduire, mon enfant! L'on t'a promis de te faire maréchal des logis; peut-être alors pourrais-tu quitter le service, te faire donner une petite place et revenir près de moi. Je commence à me faire bien vieille. Tu reviendrais près de moi et tu te marierais. Nous n'aurions pas, je pense, grand'peine à te trouver une femme, et je sais bien, quant à moi, celle que je te conseillerais de choisir: c'est tout justement celle qui te porte ma lettre . . . Il n'y en a pas de plus sage et de plus gentille . . ."

Micaëla l'interrompt.

MICAËLA: Il vaut mieux que je ne sois pas là ! . . .

JOSÉ: Pourquoi donc ? . . .

MICAËLA, *troublée*: Je viens de me rappeler que votre mère m'a chargé de quelques petits achats ; je vais m'en occuper tout de suite.

JOSÉ: Attends un peu, j'ai fini . . .

MICAËLA: Vous finirez quand je ne serai plus là . . .

JOSÉ: Mais la réponse ? . . .

MICAËLA: Je reviendrai la prendre avant mon départ et je la porterai à votre mère . . . Adieu !

JOSÉ: Micaëla !

MICAËLA: Non, non . . . je reviendrai, j'aime mieux cela . . . je reviendrai, je reviendrai . . .

Elle sort.

SCÈNE VIII

JOSÉ, PUIS LES OUVRIÈRES, LE LIEUTENANT, SOLDATS.

JOSÉ, *lisant*: "Il n'y en a pas de plus sage, ni de plus gentille . . . Il n'y en a pas surtout qui t'aime davantage . . . Et si tu voulais . . ."

Oui, ma mère, oui. Je ferai ce que tu désires . . . J'épouserai Micaëla, et quant à cette bohémienne, avec ses fleurs qui ensorcellent . . .

Au moment où il va arracher les fleurs de sa veste, grande rumeur dans l'intérieur de la manufacture.
Entre le lieutenant suivi des soldats.

LE LIEUTENANT: Eh bien ! eh bien ! qu'est-ce qui arrive ? . . .

Les Ouvrières sortent rapidement et en désordre.

LES CIGARIÈRES:	Au secours! n'entendez-vous pas? Au secours, messieurs les soldats!
PREMIER GROUPE DE FEMMES:	C'est la Carmencita.
DEUXIÈME GROUPE:	. . . Non pas! Ce n'est pas elle!
PREMIER GROUPE:	C'est elle!
DEUXIÈME GROUPE:	. . . Pas du tout!
PREMIER GROUPE:	. . . Si fait, dans la querelle Elle a porté les premiers coups.

Toutes les femmes entourent le lieutenant.

LES FEMMES:	Ne les écoutez pas, monsieur, écoutez-nous, Ecoutez-nous, écoutez-nous!

Les femmes du premier groupe tirent l'officier de leur côté.

PREMIER GROUPE:	La Manuelita disait Et répétait à voix haute Qu'elle achèterait sans faute Un âne qui lui plaisait.
DEUXIÈME GROUPE, *Même jeu*:	Alors la Carmencita Railleuse à son ordinaire, Dit: un âne, pourquoi faire? Un balai te suffira.
PREMIER GROUPE:	Manuelita riposta Et dit à sa camarade: Pour certaine promenade Mon âne te servira.*
DEUXIÈME GROUPE:	Et ce jour-là tu pourras A bon droit faire la fière; Deux laquais suivront derrière T'émouchant à tour de bras.*

*Manuelita is predicting that Carmen will come to a bad end: that she, riding on a donkey, will be flogged through the streets on her way to the place of execution.

TOUTES LES FEMMES: Là-dessus toutes les deux
Se sont prises aux cheveux.

LE LIEUTENANT: Au diable tout ce bavardage.
à don José.
Prenez, José, deux hommes avec vous
Et voyez là-dedans qui cause ce tapage.

Don José prend deux hommes avec lui.
Les soldats entrent dans la manufacture.
Pendant ce temps les femmes se pressent, se disputent entre elles.

PREMIER GROUPE: C'est la Carmencita.

DEUXIÈME GROUPE: . . . Non, non, écoutez-nous!

LE LIEUTENANT, *assourdi*: Holà! Holà!
Eloignez-moi toutes ces femmes-là.

TOUTES LES FEMMES: Ecoutez-nous! Ecoutez-nous!

Les soldats repoussent les femmes et les écartent.

LES SOLDATS: Tout doux! Tout doux!
Eloignez-vous et taisez-vous!

LES FEMMES: Ecoutez-nous!

LES SOLDATS: . . . Tout doux!

Les cigarières glissent entre les mains des soldats qui cherchent à les écarter.
Elles se précipitent sur le lieutenant et reprennent le chœur.

PREMIER GROUPE: La Manuelita disait
Et répétait à voix haute
Qu'elle achèterait sans faute
Un âne qui lui plaisait . . .

DEUXIÈME GROUPE: Alors la Carmencita
Railleuse à son ordinaire,
Dit: un âne, pourquoi faire?
Un balai te suffira . . .

Les soldats repoussent encore une fois les femmes.

LES SOLDATS: Tout doux! tout doux!
Eloignez-vous et taisez-vous!

Les soldats réussissent enfin à repousser les cigarières.
Les femmes sont maintenues à distance autour de la place par une haie de dragons.
Carmen paraît, sur la porte de la manufacture, amenée par don José et suivie par deux dragons.

SCÈNE IX

LES MÊMES, CARMEN.

LE LIEUTENANT: Voyons, brigadier . . . Maintenant que nous avons un peu de silence . . . Qu'est-ce que vous avez trouvé là-dedans? . . .

JOSÉ: J'ai d'abord trouvé trois cents femmes, criant, hurlant, gesticulant, faisant un tapage à ne pas entendre Dieu tonner . . . D'un côté il y en avait une, les quatre fers en l'air, qui criait: "Confession! Confession! . . . Je suis morte . . ." Elle avait sur la figure un X qu'on venait de lui marquer en deux coups de couteau . . . en face de la blessée j'ai vu . . .
Il s'arrête sur un regard de Carmen.

LE LIEUTENANT: Eh bien? . . .

JOSÉ: J'ai vu mademoiselle . . .

LE LIEUTENANT: Mademoiselle Carmencita?

JOSÉ: Oui, mon lieutenant . . .

LE LIEUTENANT: Et qu'est-ce qu'elle disait, mademoiselle Carmencita?

JOSÉ: Elle ne disait rien, mon lieutenant. Elle serrait les dents et roulait des yeux comme un caméléon.

CARMEN : On m'avait provoquée . . . Je n'ai fait que me défendre . . .
Monsieur le brigadier vous le dira . . . *A José.* N'est-ce pas,
monsieur le brigadier?

Après un moment d'hésitation, José répond.

JOSÉ : Tout ce que j'ai pu comprendre au milieu du bruit, c'est
qu'une discussion s'était élevée entre ces deux dames, et
qu'à la suite de cette discussion, mademoiselle, avec le
couteau dont elle coupait le bout des cigares, avait commencé
à dessiner des croix de saint André sur le visage de sa
camarade . . .

*Le Lieutenant regarde Carmen ; celle-ci, après un regard à
don José et un très léger haussement d'épaules, est redevenue
impassible.*

Le cas m'a paru clair. J'ai prié mademoiselle de me suivre . . .
Elle a d'abord fait un mouvement comme pour résister . . .
puis elle s'est résignée . . . et m'a suivi, douce comme un
mouton!

LE LIEUTENANT : Et la blessure de l'autre femme?

JOSÉ : Très légère, mon lieutenant, deux balafres à fleur de peau.

LE LIEUTENANT, *à Carmen* : Eh bien! la belle, vous avez entendu le
brigadier? . . . *A José.* Je n'ai pas besoin de vous demander si
vous avez dit la vérité.

JOSÉ : Foi de Navarrais, mon lieutenant!

Carmen se retourne brusquement et regarde encore une fois José.

LE LIEUTENANT, *à Carmen* : Eh bien! . . . Vous avez entendu? . . .
Avez-vous quelque chose à répondre? . . . Parlez, j'attends . . .

Carmen, au lieu de répondre, se met à fredonner.

CARMEN, *chantant* : Coupe-moi, brûle-moi, je ne te dirai rien,
Je brave tout, le feu, le fer et le ciel même.

LE LIEUTENANT : Ce ne sont pas des chansons* que je te demande,
c'est une réponse.

*A play on words is involved : chansons means "nonsense" as well as "songs."

CARMEN, *chantant*: Mon secret je le garde et je le garde bien;
　　　　J'en aime un autre et meurs en disant que je l'aime.

LE LIEUTENANT: Ah! ah! nous le prenons sur ce ton-là.
　　　　　　　　à José:
　　Ce qui est sûr, n'est-ce pas, c'est qu'il y eut des coups de
　　couteau, et que c'est elle qui les a donnés . . .

En ce moment cinq ou six femmes à droite réussissent à forcer la ligne
des factionnaires et se précipitent sur la scène en criant: Oui, oui,
c'est elle! . . .
　Une de ces femmes se trouve près de Carmen.
　Celle-ci lève la main et veut se jeter sur la femme.
　Don José arrête Carmen.
　Les soldats écartent les femmes, et les repoussent cette fois tout à
fait hors de la scène.
　Quelques sentinelles continuent à rester en vue gardant les abords de
la place.

LE LIEUTENANT: Eh! eh! vous avez la main leste décidément. *Aux*
　soldats: Trouvez-moi une corde.

　Moment de silence pendant lequel Carmen se remet à fredonner de la
façon la plus impertinente en regardant l'officier.
　Un soldat apporte une corde.

LE SOLDAT: Voilà, mon lieutenant.

LE LIEUTENANT, *à don José*: Prenez et attachez-moi ces deux jolies
　mains.

　　　Carmen, sans faire la moindre résistance, tend en souriant
　　　ses deux mains à don José.

C'est dommage vraiment, car elle est gentille . . . Mais si
gentille que vous soyez, vous n'en irez pas moins faire un tour
à la prison. Vous pourrez y chanter vos chansons de Bohémienne. Le porte-clefs vous dira ce qu'il en pense.

　　　Les mains de Carmen sont liées. On l'a fait asseoir sur un
　　　escabeau devant le corps de garde. Elle reste là immobile, les
　　　yeux à terre.

Je vais écrire l'ordre. *A don José*: C'est vous qui la conduirez.
　　　　　　　　　Il sort.

SCÈNE X

CARMEN, DON JOSÉ.

Un petit moment de silence.
Carmen lève les yeux et regarde don José.
Celui-ci se détourne, s'éloigne de quelques pas, puis revient à Carmen qui le regarde toujours.

CARMEN: Où me conduirez-vous?

JOSÉ: A la prison, ma pauvre enfant . . .

CARMEN: Hélas! que deviendrai-je? Seigneur officier, ayez pitié de moi . . . Vous êtes si gentil . . .

> *José ne répond pas. Il s'éloigne et revient, toujours sous le regard de Carmen.*

Cette corde, comme vous l'avez serrée, cette corde . . . J'ai les poignets brisés.

> *José s'approche de Carmen.*

JOSÉ: Si elle vous blesse, je puis la desserrer . . . Le lieutenant m'a dit de vous attacher les mains . . . Il ne m'a pas dit . . .

> *José desserre la corde.*

CARMEN, *bas*: Laisse-moi m'échapper, je te donnerai un morceau de la *bar lachi,* une petite pierre qui te fera aimer de toutes les femmes.

> *José s'éloigne.*

JOSÉ: Nous ne sommes pas ici pour dire des balivernes . . . Il faut aller à la prison. C'est la consigne, et il n'y a pas de remède.

> *Silence.*

CARMEN: Tout à l'heure vous avez dit: foi de Navarrais . . . Vous êtes des Provinces? . . .

JOSÉ: Je suis d'Elizondo . . .

CARMEN: Et moi d'Etchalar . . .

JOSÉ, *s'arrêtant*: D'Etchalar! . . . c'est à quatre heures d'Elizondo, Etchalar.

CARMEN: Oui, c'est là que je suis née . . .

J'ai été emmenée par des Bohémiens à Séville . . .

Je travaillais à la manufacture pour gagner de quoi retourner en Navarre, près de ma pauvre mère qui n'a que moi pour soutien . . .

On m'a insultée parce que je ne suis pas de ce pays de filous, de marchands d'oranges pourries, et ces coquines se sont mises contre moi parce que je leur ai dit que tous leurs Jacques de Séville avec leurs couteaux ne feraient pas peur à un gars de chez nous avec son béret bleu et son maquila . . .

Camarade, mon ami, ne ferez-vous rien pour une payse?

JOSÉ: Vous êtes Navarraise, vous? . . .

CARMEN: Sans doute.

JOSÉ: Allons donc! . . . Il n'y a pas un mot de vrai . . . Vos yeux seuls, votre bouche, votre teint . . . Tout vous dit Bohémienne . . .

CARMEN: Bohémienne, tu crois?

JOSÉ: J'en suis sûr . . .

CARMEN: Au fait, je suis bien bonne de me donner la peine de mentir! . . .

Oui, je suis Bohémienne, mais tu n'en feras pas moins ce que je te demande . . .

Tu le feras parce que tu m'aimes . . .

JOSÉ: Moi!

CARMEN: Eh! Oui, tu m'aimes . . . Ne me dis pas non. Je m'y connais! Tes regards, la façon dont tu me parles. Et cette fleur que tu as gardée. Oh! Tu peux la jeter maintenant . . . cela n'y fera rien. Elle est restée assez de temps sur ton cœur; le charme a opéré . . .

JOSÉ, *avec colère*: Ne me parle plus, tu entends. Je te défends de me parler . . .

CARMEN: C'est très bien, seigneur officier, c'est très bien. Vous me défendez de parler, je ne parlerai plus . . .

Elle regarde don José qui recule.

FINALE

CARMEN: Près de la porte de Séville,
           Chez mon ami Lillas Pastia,
           J'irai danser la seguedille
           Et boire du manzanilla!
           Oui, mais toute seule on s'ennuie,
           Et les vrais plaisirs sont à deux . . .
           Donc pour me tenir compagnie,
           J'emmènerai mon amoureux . . .
           Mon amoureux! . . . il est au diable . . .
           Je l'ai mis à la porte hier . . .
           Mon pauvre cœur très consolable,
           Mon cœur est libre comme l'air . . .
           J'ai des galants à la douzaine,
           Mais ils ne sont pas à mon gré;
           Voici la fin de la semaine,
           Qui veut m'aimer, je l'aimerai.
           Qui veut mon âme . . . elle est à prendre . . .
           Vous arrivez au bon moment,
           Je n'ai guère le temps d'attendre,
           Car avec mon nouvel amant . . .
           Près de la porte de Séville,
           Chez mon ami Lillas Pastia,
           J'irai danser la seguedille
           Et boire du manzanilla.

JOSÉ: Tais-toi, je t'avais dit de ne pas me parler!

CARMEN: Je ne te parle pas . . . Je chante pour moi-même,
           Et je pense . . . Il n'est pas défendu de penser,
           Je pense à certain officier,
           A certain officier qui m'aime,
           Et que l'un de ces jours je pourrais bien aimer . . .

JOSÉ: Carmen!

CARMEN: Mon officier n'est pas un capitaine,
           Pas même un lieutenant. Il n'est que brigadier.
           Mais c'est assez pour une Bohémienne,
           Et je daigne m'en contenter!

José délie la corde qui attache les mains de Carmen.

JOSÉ: Carmen, je suis comme un homme ivre,
Si je cède, si je me livre,
Ta promesse, tu la tiendras . . .
Si je t'aime, tu m'aimeras . . .

CARMEN, *à peine chanté, murmuré*: Près de la porte de Séville,
Chez mon ami Lillas Pastia,
Nous danserons la seguedille
Et boirons du manzanilla.

JOSÉ, *parlé*: Le lieutenant! . . . Prenez garde.

*Carmen va se replacer sur son escabeau, les mains derrière le dos.
Rentre le lieutenant.*

SCÈNE XI

LES MÊMES, LE LIEUTENANT, PUIS LES OUVRIÈRES, LES SOLDATS, LES
BOURGEOIS.

LE LIEUTENANT: Voici l'ordre, partez et faites bonne garde . . .

CARMEN, *bas, à José*: Sur le pont je te pousserai
Aussi fort que je pourrai . . .
Laisse-toi renverser . . . le reste me regarde!

Elle se place entre les deux dragons, José à côté d'elle.

*Les femmes et les bourgeois pendant ce temps sont rentrés en scène
toujours maintenus à distance par les dragons.*

Carmen traverse la scène de gauche à droite allant vers le pont . . .

CARMEN: L'amour est enfant de Bohême,
Il n'a jamais connu de loi;
Si tu ne m'aimes pas, je t'aime,
Si je t'aime, prends garde à toi.

*En arrivant à l'entrée du pont à droite, Carmen pousse José qui se
laisse renverser.*

Confusion, désordre.

Carmen s'enfuit.

*Arrivée au milieu du pont, elle s'arrête un instant, jette sa corde à
la volée par-dessus le parapet du pont, et se sauve pendant que sur la
scène, avec de grands éclats de rire, les cigarières entourent le lieutenant.*

ACTE DEUXIÈME

La taverne de Lillas Pastia.
Tables à droite et à gauche.
Carmen, Mercédès, Frasquita, le lieutenant Zuniga, Moralès et un lieutenant.
C'est la fin d'un dîner.
La table est en désordre.
Les officiers et les Bohémiennes fument des cigarettes.
Deux Bohémiens râclent de la guitare dans un coin de la taverne, et deux Bohémiennes, au milieu de la scène, dansent.
Carmen est assise regardant danser les Bohémiennes.
Le lieutenant lui parle bas, mais elle ne fait aucune attention à lui.
Elle se lève tout à coup et se met à chanter.

SCÈNE PREMIÈRE

CARMEN, LE LIEUTENANT, MORALÈS, OFFICIERS ET BOHÉMIENS, BOHÉMIENNES.

I

CARMEN : Les tringles des sistres tintaient
Avec un éclat métallique,
Et sur cette étrange musique
Les zingarellas se levaient,
Tambours de basque allaient leur train,
Et les guitares forcenées
Grinçaient sous des mains obstinées,
Même chanson, même refrain,
La la la, la la la.

Sur ce refrain, les Bohémiennes dansent.
Mercédès et Frasquita reprennent avec Carmen le : La la la, la la la.

27

II

Les anneaux de cuivre et d'argent
Reluisaient sur les peaux bistrées;
D'orange et de rouge zébrées
Les étoffes flottaient au vent;
La danse au chant se mariait
D'abord indécise et timide,
Plus vive ensuite et plus rapide,
Cela montait, montait, montait!
La la la, la la la.

MER. ET FRAS.: La la la, la la la.

III

CARMEN: Les Bohémiens à tour de bras,
De leurs instruments faisaient rage,
Et cet éblouissant tapage,
Ensorcelait les zingaras!
Sous le rythme de la chanson,
Ardentes, folles, enfiévrées,
Elles se laissaient, enivrées,
Emporter par le tourbillon!
La la la, la la la.

LES TROIS: La la la, la la la.

Mouvement de danse très rapide, très violent.

Carmen elle-même danse et vient, avec les dernières notes de l'orchestre, tomber haletante sur un banc de la taverne.

Après la danse, Lillas Pastia se met à tourner autour des officiers d'un air embarrassé.

LE LIEUTENANT: Vous avez quelque chose à nous dire, maître Lillas Pastia?

PASTIA: Mon Dieu, messieurs . . .

MORALÈS: Parle, voyons . . .

PASTIA: Il commence à se faire tard . . . Et je suis, plus que personne, obligé d'observer les règlements. Monsieur le corrégidor étant assez mal disposé à mon égard . . . Je ne sais pas pourquoi il est mal disposé . . .

LE LIEUTENANT: Je le sais très bien, moi. C'est parce que ton auberge est le rendez-vous ordinaire de tous les contrebandiers de la province.

PASTIA: Que ce soit pour cette raison ou pour une autre, je suis obligé de prendre garde . . . Or, je vous le répète, il commence à se faire tard.

MORALÈS: Cela veut dire que tu nous mets à la porte!

PASTIA: Oh! non, messieurs les officiers . . . Oh! non . . . Je vous fais seulement observer que mon auberge devrait être fermée depuis dix minutes . . .

LE LIEUTENANT: Dieu sait ce qui s'y passe dans ton auberge, une fois qu'elle est fermée . . .

PASTIA: Oh! mon lieutenant!

LE LIEUTENANT: Enfin, nous avons encore, avant l'appel, le temps d'aller passer une heure au théâtre . . . Vous y viendrez avec nous, n'est-ce pas, les belles?
Pastia fait signe aux Bohémiennes de refuser.

FRASQUITA: Non, messieurs les officiers, non, nous restons ici, nous.

LE LIEUTENANT: Comment, vous ne viendrez pas . . .

MERCÉDÈS: C'est impossible.

MORALÈS: Mercédès! . . .

MERCÉDÈS: Je regrette . . .

MORALÈS: Frasquita! . . .

FRASQUITA: Je suis désolée . . .

LE LIEUTENANT: Mais toi, Carmen, je suis bien sûr que tu ne refuseras pas . . .

CARMEN: C'est ce qui vous trompe, mon lieutenant . . . Je refuse et encore plus nettement qu'elles deux, si c'est possible . . .

Pendant que le lieutenant parle à Carmen, Andrès et les deux autres lieutenants essayent de fléchir Frasquita et Mercédès.

LE LIEUTENANT: Tu m'en veux?

CARMEN: Pourquoi vous en voudrais-je?

LE LIEUTENANT: Parce qu'il y a un mois, j'ai eu la cruauté de t'envoyer à la prison . . .

CARMEN, *comme si elle ne se rappelait pas*: A la prison?

LE LIEUTENANT: J'étais de service. Je ne pouvais pas faire autrement.

CARMEN, *même jeu*: A la prison . . . Je ne me souviens pas d'être allée à la prison . . .

LE LIEUTENANT: Je sais pardieu bien que tu n'y es pas allée . . . Le brigadier qui était chargé de te conduire ayant jugé à propos de te laisser échapper . . . et de se faire dégrader et emprisonner pour cela . . .

CARMEN, *sérieuse*: Dégrader et emprisonner? . . .

LE LIEUTENANT: Mon Dieu oui . . . On n'a pas voulu admettre qu'une aussi petite main ait été assez forte pour renverser un homme . . .

CARMEN: Oh!

LE LIEUTENANT: Cela n'a pas paru naturel . . .

CARMEN: Et ce pauvre garçon est redevenu simple soldat? . . .

LE LIEUTENANT: Oui . . . Et il a passé un mois en prison . . .

CARMEN: Mais il en est sorti?

LE LIEUTENANT: Depuis hier seulement!

CARMEN, *faisant claquer ses castagnettes*: Tout est bien, puisqu'il en est sorti, tout est bien.

LE LIEUTENANT: A la bonne heure, tu te consoles vite . . .

CARMEN, *à part*: Et j'ai raison . . . *Haut.* Si vous m'en croyez, vous ferez comme moi, vous voulez nous emmener, nous ne voulons pas vous suivre . . . vous vous consolerez . . .

MORALÈS : Il faudra bien.

La scène est interrompue par un chœur chanté dans la coulisse.

CHŒUR :   Vivat! Vivat le torero!
Vivat! Vivat Escamillo!
Jamais homme intrépide
N'a par un coup plus beau,
D'une main plus rapide,
Terrassé le taureau!
Vivat! Vivat le torero!
Vivat! Vivat Escamillo!

LE LIEUTENANT : Qu'est-ce que c'est que ça?*

MERCÉDÈS : Une promenade aux flambeaux . . .

MORALÈS : Et qui promène-t-on?

FRASQUITA : Je le reconnais . . . C'est Escamillo . . . un torero qui s'est fait remarquer aux dernières courses de Grenade et qui promet d'égaler la gloire de Montes et de Pepo Illo . . .

MORALÈS : Pardieu, il faut le faire venir . . . Nous boirons en son honneur!

LE LIEUTENANT : C'est cela. Je vais l'inviter.

Il va à la fenêtre.

Monsieur le torero . . . Voulez-vous nous faire l'amitié de monter ici? Vous y trouverez des gens qui aiment fort tous ceux qui, comme vous, ont de l'adresse et du courage . . .

Il quitte la fenêtre.

Il vient . . .

PASTIA, *suppliant* : Messieurs les officiers, je vous avais dit . . .

LE LIEUTENANT : Ayez la bonté de nous laisser tranquille, maître Lillas Pastia, et faites-nous apporter de quoi boire . . .

CHŒUR :   Vivat! Vivat le torero!
Vivat! Vivat Escamillo!

Paraît Escamillo.

*Qu'est-ce que c'est que ça? What's that?

SCÈNE II

LES MÊMES, ESCAMILLO.

LE LIEUTENANT: Ces dames et nous, vous remercions d'avoir accepté notre invitation. Nous n'avons pas voulu vous laisser passer sans boire avec vous au grand art de la tauromachie.

ESCAMILLO: Messieurs les officiers, je vous remercie.

I

Votre toast . . . Je peux vous le rendre,
Señors, car avec les soldats,
Les toreros peuvent s'entendre,
Pour plaisir ils ont les combats.
Le cirque est plein, c'est jour de fête,
Le cirque est plein du haut en bas.
Les spectateurs perdent la tête
S'interpellent à grand fracas;
Apostrophes, cris et tapage
Poussés jusques à la fureur,
Car c'est la fête du courage,
C'est la fête des gens de cœur.

Toréador, en garde,
Et songe en combattant
Qu'un œil noir te regarde
Et que l'amour t'attend.

TOUT LE MONDE: Toréador, en garde,
Et songe en combattant
Qu'un œil noir te regarde
Et que l'amour t'attend.

Entre les deux couplets, Carmen remplit le verre d'Escamillo.

II

ESCAMILLO: Tout d'un coup l'on a fait silence:
Plus de cris! que se passe-t-il?
C'est l'instant, le taureau s'élance
En bondissant hors du toril . . .

Il entre, il frappe, un cheval roule
En entraînant un picador.
Bravo, toro! . . . hurle la foule,
Le taureau va, vient, frappe encor . . .
En secouant ses banderilles . . .
Il court, le cirque est plein de sang;
On se sauve, on franchit les grilles;
Allons . . . C'est ton tour maintenant.

Toréador, en garde,
Et songe en combattant
Qu'un œil noir te regarde
Et que l'amour t'attend.

TOUT LE MONDE: Toréador, en garde,
Et songe en combattant
Qu'un œil noir te regarde
Et que l'amour t'attend.

On boit, on échange des poignées de main avec le toréador.

PASTIA: Messieurs les officiers, je vous en prie.

LE LIEUTENANT: C'est bien. C'est bien. Nous partons.

Les officiers commencent à se préparer à partir.
Escamillo se trouve près de Carmen.

ESCAMILLO: Dis-moi ton nom, et la première fois que je frapperai
le taureau, ce sera ton nom que je prononcerai.

CARMEN: Je m'appelle la Carmencita.

ESCAMILLO: La Carmencita?

CARMEN: Carmen, la Carmencita, comme tu voudras.

ESCAMILLO: Eh bien! Carmen ou la Carmencita, si je m'avisais de
t'aimer et d'être aimé de toi, qu'est-ce que tu me répondrais?

CARMEN: Je répondrais que tu peux m'aimer tout à ton aise, mais
que quant à être aimé de moi pour le moment, il n'y faut pas
songer!

ESCAMILLO: Ah!

CARMEN: C'est comme ça.

ESCAMILLO: J'attendrai alors et je me contenterai d'espérer . . .

CARMEN: Il n'est pas défendu d'attendre et il est toujours agréable d'espérer.

MORALÈS, *à Frasquita et à Mercédès*: Vous ne venez pas décidément?

MERCÉDÈS ET FRASQUITA, *sur un nouveau signe de Pastia*: Mais non, mais non . . .

MORALÈS, *au lieutenant*: Mauvaise campagne, lieutenant.

LE LIEUTENANT: Bah! la bataille n'est pas encore perdue . . . *Bas, à Carmen*. Ecoute-moi, Carmen, puisque tu ne veux pas venir avec nous, c'est moi qui dans une heure reviendrai ici . . .

CARMEN: Ici? . . .

LE LIEUTENANT: Oui, dans une heure . . . après l'appel.

CARMEN: Je ne vous conseille pas de revenir . . .

LE LIEUTENANT, *riant*: Je reviendrai tout de même. *Haut*. Nous partons avec vous, torero, et nous nous joindrons au cortège qui vous accompagne.

ESCAMILLO: C'est un grand honneur pour moi. Je tâcherai de ne pas m'en montrer indigne lorsque je combattrai sous vos yeux.

TOUT LE MONDE: Toréador, en garde,
                   Et songe en combattant
                   Qu'un œil noir te regarde
                   Et que l'amour t'attend.

Tout le monde sort, excepté Carmen, Frasquita, Mercédès et Lillas Pastia.

SCÈNE III

CARMEN, FRASQUITA, MERCÉDÈS ET LILLAS PASTIA.

FRASQUITA, *à Pastia*: Pourquoi étais-tu si pressé de les faire partir et pourquoi nous as-tu fait signe de ne pas les suivre?

PASTIA: Le Dancaïre et le Remendado viennent d'arriver . . . Ils ont à vous parler de vos affaires, des affaires d'Egypte.

CARMEN: Le Dancaïre et le Remendado? . . .

> *Pastia ouvre une porte et appelle du geste.*

PASTIA: Oui, les voici . . . tenez . . .

> *Entrent le Dancaïre et le Remendado.*
> *Pastia ferme les portes, met les volets, etc.*

SCÈNE IV

CARMEN, FRASQUITA, MERCÉDÈS, LE DANCAÏRE, LE REMENDADO.

FRASQUITA: Eh bien, les nouvelles?

LE DANCAÏRE: Pas trop mauvaises, les nouvelles; nous arrivons de Gibraltar . . .

LE REMENDADO: Jolie ville, Gibraltar! On y voit des Anglais, beaucoup d'Anglais, de jolis hommes les Anglais; un peu froids, mais distingués.

LE DANCAÏRE: Remendado!

LE REMENDADO: Patron.

> *Le Dancaïre met la main sur son couteau.*

LE DANCAÏRE: Vous comprenez?

LE REMENDADO: Parfaitement, patron . . .

LE DANCAÏRE: Taisez-vous, alors. Nous arrivons de Gibraltar. Nous avons arrangé, avec un patron de navire, l'embarquement de marchandises anglaises. Nous irons les attendre près de la côte. Nous en cacherons une partie dans la montagne et nous ferons passer le reste. Tous nos camarades ont été prévenus . . . Ils sont ici, cachés, mais c'est de vous trois surtout que nous avons besoin . . . Vous allez partir avec nous.

CARMEN, *riant*: Pourquoi faire? Pour vous aider à porter des ballots?

LE REMENDADO: Oh! non . . . faire porter des ballots à des dames . . . ça ne serait pas distingué.

LE DANCAÏRE, *menaçant*: Remendado?

LE REMENDADO: Oui, patron.

LE DANCAÏRE: Nous ne vous ferons pas porter de ballots, mais nous avons besoin de vous pour autre chose.

Quintette

LE DANCAÏRE: Nous avons en tête une affaire.

MERCÉDÈS: Est-elle bonne, dites-nous?

LE REMENDADO: Elle est admirable, ma chère;
Mais nous avons besoin de vous.

LES TROIS FEMMES: De nous?

LES DEUX HOMMES: De vous.
Car nous l'avouons humblement,
Et très respectueusement,
En matière de tromperie,
De duperie, de volerie,
Il est toujours bon, sur ma foi,
D'avoir les femmes avec soi,
Et sans elles, mes toutes belles,
On ne fait jamais rien de bien.

LES FEMMES: Quoi! sans nous jamais rien de bien?

LES HOMMES: N'êtes-vous pas de cet avis?

LES FEMMES: Si fait, je suis de cet avis.

TOUS LES CINQ :	En matière de tromperie,
	De duperie, de volerie,
	Il est toujours bon, sur ma foi,
	D'avoir les femmes avec soi,
	Et sans elles, les toutes belles,
	On ne fait jamais rien de bien.

LE DANCAÏRE : C'est dit alors, vous partirez.

MER. ET FRAS. : Quand vous voudrez.

LE REMENDADO : Mais tout de suite.

CARMEN : . . . Ah ! Permettez !
A Mercédès et à Frasquita.
S'il vous plaît de partir, partez,
Mais je ne suis pas du voyage ;
Je ne pars pas . . . je ne pars pas.

LE DANCAÏRE : Carmen, mon amour, tu viendras,
Et tu n'auras pas le courage
De nous laisser dans l'embarras.

CARMEN : Je ne pars pas. Je ne pars pas.

LE REMENDADO : Mais au moins la raison, Carmen, tu la diras ?

CARMEN : Je la dirai certainement ;
La raison, c'est qu'en ce moment
Je suis amoureuse. -

LES DEUX HOMMES, *stupéfaits* : Qu'a-t-elle dit ?

FRASQUITA : Elle dit qu'elle est amoureuse.

LES HOMMES : Amoureuse !

LES DEUX FEMMES : Amoureuse !

LES HOMMES : Voyons, Carmen, sois sérieuse.

CARMEN : Amoureuse à perdre l'esprit.

LES HOMMES :   Certes, la chose nous étonne
                    Mais ce n'est pas le premier jour
                    Où vous aurez su, ma mignonne,
                    Faire marcher de front le devoir et l'amour.

CARMEN :   Mes amis, je serais fort aise
                    De pouvoir vous suivre ce soir
                    Mais cette fois, ne vous déplaise,
                    Il faudra que l'amour passe avant le devoir.

LE DANCAÏRE :   Ce n'est pas là ton dernier mot ?

CARMEN :   Pardonnez-moi.

LE REMENDADO :   . . . Carmen, il faut
                    Que tu te laisses attendrir.

TOUS LES QUATRE :   Il faut venir, Carmen, il faut venir.
                    Pour notre affaire, c'est nécessaire,
                    Car entre nous . . .

LES DEUX FEMMES :   . . . Car entre nous . . .

CARMEN :   Quant à cela, je l'admets avec vous.

REPRISE GÉNÉRALE : En matière de tromperie,
                    De duperie, de volerie,
                    Il est toujours bon, sur ma foi,
                    D'avoir les femmes avec soi,
                    Et sans elles, les toutes belles,
                    On ne fait jamais rien de bien.

LE DANCAÏRE : En voilà assez; je t'ai dit qu'il fallait venir, et tu
    viendras . . . Je suis le chef . . .

CARMEN : Comment dis-tu ça ?

LE DANCAÏRE : Je te dis que je suis le chef . . .

CARMEN : Et tu crois que je t'obéirai ? . . .

LE DANCAÏRE, *furieux* : Carmen !

CARMEN, *très calme* : Eh bien !
        Le Remendado se jette entre le Dancaïre et Carmen.

LE REMENDADO : Je vous en prie . . . des personnes si distinguées . . .

Le Dancaïre envoie un coup de pied que le Remendado évite.

LE DANCAÏRE : Attrape ça, toi . . .

Le Remendado se redresse.

LE REMENDADO : Patron . . .

LE DANCAÏRE : Qu'est-ce que c'est ?

LE REMENDADO : Rien, patron !

LE DANCAÏRE : Amoureuse . . . Ce n'est pas une raison, cela.

LE REMENDADO : Le fait est que ce n'en est pas une . . . Moi aussi je suis amoureux et ça ne m'empêche pas de me rendre utile.

CARMEN : Partez sans moi . . . J'irai vous rejoindre demain . . . Mais pour ce soir je reste . . .

FRASQUITA : Je ne t'ai jamais vue comme cela ; qui attends-tu donc ?

CARMEN : Un pauvre diable de soldat qui m'a rendu service . . .

MERCÉDÈS : Ce soldat qui était en prison ?

CARMEN : Oui . . .

FRASQUITA : Et à qui, il y a quinze jours, le geôlier a remis de ta part un pain dans lequel il y avait une pièce d'or et une lime ?

Carmen remonte vers la fenêtre.

CARMEN : Oui.

LE DANCAÏRE : Il s'en est servi de cette lime ? . . .

CARMEN : Non.

LE DANCAÏRE : Tu vois bien ! ton soldat aura eu peur d'être puni plus rudement qu'il ne l'avait été ; ce soir encore il aura peur . . . Tu auras beau entr'ouvrir les volets et regarder s'il vient, je parierais qu'il ne viendra pas.

CARMEN : Ne parie pas. Tu perdrais . . .

On entend dans le lointain la voix de don José.

DON JOSÉ, *la voix très éloignée*:
>Halte là! Qui va là?
>Dragon d'Almanza!
>Où t'en vas-tu par là,
>Dragon d'Almanza?
>Moi je m'en vais faire,
>A mon adversaire,
>Mordre la poussière.
>S'il en est ainsi,
>Passez mon ami.
>Affaire d'honneur,
>Affaire de cœur,
>Pour nous tout est là,
>Dragons d'Almanza.

La musique ne s'arrête pas. Carmen, le Dancaïre, le Remendado, Mercédès et Frasquita, par les volets entr'ouverts, regardent venir don José.

MERCÉDÈS: C'est un dragon, ma foi.

FRASQUITA: Et un beau dragon.

LE DANCAÏRE, *à Carmen*: Eh bien, puisque tu ne veux venir que demain, sais-tu au moins ce que tu devrais faire?

CARMEN: Qu'est-ce que je devrais faire?...

LE DANCAÏRE: Tu devrais décider ton dragon à venir avec toi et à se joindre à nous.

CARMEN: Ah!... Si cela se pouvait!... Mais il n'y faut pas penser ... Ce sont des bêtises ... Il est trop niais.

LE DANCAÏRE: Pourquoi l'aimes-tu puisque tu conviens toi-même ...

CARMEN: Parce qu'il est joli garçon donc, et qu'il me plaît.

LE REMENDADO, *avec fatuité*: Le patron ne comprend pas ça, lui ... qu'il suffise d'être joli garçon pour plaire aux femmes ...

LE DANCAÏRE: Attends un peu, toi, attends un peu . . .

Le Remendado se sauve et sort.
Le Dancaïre le poursuit et sort à son tour entraînant Mercédès et
Frasquita qui essaient de le calmer.

DON JOSÉ, *La voix beaucoup plus rapprochée*:
                              Halte-là! Qui va là?
                              Dragon d'Almanza!
                              Où t'en vas-tu par là,
                              Dragon d'Almanza?
                              Exact et fidèle,
                              Je vais où m'appelle
                              L'amour de ma belle.
                              S'il en est ainsi,
                              Passez mon ami.
                              Affaire d'honneur,
                              Affaire de cœur,
                              Pour nous tout est là,
                              Dragons d'Almanza!
        Entre don José.

SCÈNE V

DON JOSÉ, CARMEN.

CARMEN: Enfin . . . te voilà . . . C'est bien heureux!

JOSÉ: Il y a deux heures seulement que je suis sorti de prison.

CARMEN: Qui t'empêchait de sortir plus tôt? Je t'avais envoyé une
        lime et une pièce d'or . . . avec la lime il fallait scier le plus
        gros barreau de ta prison . . . avec la pièce d'or il fallait, chez
        le premier fripier venu, changer ton uniforme pour un habit
        bourgeois.

JOSÉ: En effet, tout cela était possible.

CARMEN: Pourquoi ne l'as-tu pas fait?

JOSÉ: Que veux-tu? J'ai encore mon honneur de soldat, et déserter me semblerait un grand crime . . . Oh! je ne t'en suis pas moins reconnaissant . . . Tu m'as envoyé une lime et une pièce d'or . . . La lime me servira pour affiler ma lance et je la garde comme souvenir de toi. Quant à l'argent . . .

José tend à Carmen la pièce d'or.

CARMEN: Tiens, il l'a gardée!. . . ça se trouve à merveille . . . *Criant et frappant.* Holà! . . . Lillas Pastia, holà! . . . Nous mangerons tout . . . Tu me régales . . . holà! holà! . . .

Entre Pastia, qui l'empêche de crier.

PASTIA: Prenez donc garde . . .

Carmen lui jette la pièce d'or.

CARMEN: Tiens, attrappe . . . et apporte-nous des fruits confits; apporte-nous des bonbons, apporte-nous des oranges, apporte-nous du manzanilla . . . apporte-nous de tout ce que tu as, de tout, de tout . . .

PASTIA: Tout de suite, mademoiselle Carmencita.

Il sort.

CARMEN, *à José*: Tu m'en veux alors et tu regrettes de t'être fait mettre en prison pour mes beaux yeux?

JOSÉ: Quant à cela non, par exemple.

CARMEN: Vraiment.

JOSÉ: L'on m'a mis en prison, l'on m'a ôté mon grade, mais ça m'est égal.

CARMEN: Parce que tu m'aimes?

JOSÉ: Oui, parce que je t'aime, parce que je t'adore.

Carmen met ses deux mains dans les mains de José.

CARMEN: Je paie mes dettes. C'est notre loi à nous autres bohémiennes . . . Je paie mes dettes . . . je paie mes dettes . . .

Rentre Lillas Pastia apportant sur un plateau des oranges, des bonbons, des fruits confits, du manzanilla.

CARMEN: Mets tout cela ici . . . d'un seul coup, n'aie pas peur . . .

Pastia obéit et la moitié des objets roule par terre.

Ça ne fait rien, nous ramasserons tout cela nous-mêmes . . . Sauve-toi maintenant, sauve-toi, sauve-toi.

Pastia sort.

Mets-toi là et mangeons de tout! de tout!

Carmen est assise; don José s'assied en face d'elle.

JOSÉ: Tu croques les bonbons comme un enfant de six ans . . .

CARMEN: C'est que je les aime . . . Ton lieutenant était ici tout à l'heure, avec d'autres officiers, ils nous ont fait danser la Romalis . . .

JOSÉ: Tu as dansé?

CARMEN: Qu'est-ce que tu as? . . . Est-ce que tu serais jaloux, par hasard? . . .

JOSÉ: Mais certainement, je suis jaloux . . .

CARMEN: Ah bien! . . . Canari, va! . . . Tu es un vrai canari d'habit* et du caractère . . . Allons, ne te fâche pas . . . Pourquoi es-tu jaloux? parce que j'ai dansé tout à l'heure pour ces officiers . . . Eh bien, si tu le veux, je danserai pour toi maintenant, pour toi seul.

JOSÉ: Si je le veux! Je crois bien que je le veux!

CARMEN: Où sont mes castagnettes? . . . qu'est-ce que j'ai fait de mes castagnettes? *En riant.* C'est toi qui me les a prises, mes castagnettes?

JOSÉ: Mais non!

Tu es un vrai canari d'habit : An allusion to the color of the dragoon uniform: *yellow* and blue.

CARMEN, *tendrement*: Mais si, mais si! Je suis sûre que c'est toi . . . Ah, bah! en voilà des castagnettes . . .

> *Elle casse une assiette ; avec deux morceaux de faïence, elle se fait des castagnettes, et les essaie . . .*

Ah! ça ne vaudra jamais mes castagnettes . . . Où sont-elles donc?

> *José trouve les castagnettes sur la table à droite.*

JOSÉ: Tiens, les voici . . .

CARMEN, *riant*: Ah! tu vois bien . . . c'est toi qui les avais prises . . .

JOSÉ: Ah! que je t'aime, Carmen, que je t'aime!

CARMEN: Je l'espère bien.

Duo

CARMEN: Je vais en ton honneur danser la Romalis,
Et tu verras, mon fils,
Comment je sais moi-même accompagner ma danse.
Mettez-vous là, don José, je commence.

Carmen fait asseoir don José dans un coin du théâtre.
Petite danse.
Carmen, du bout des lèvres, fredonne un air qu'elle accompagne avec ses castagnettes.
Don José la dévore des yeux.
On entend au loin, très loin, des clairons qui sonnent la retraite.
Don José prête l'oreille.
Il croit entendre les clairons, mais les castagnettes de Carmen claquent très bruyamment.
Don José s'approche de Carmen, lui prend le bras, et l'oblige de s'arrêter.

JOSÉ: Attends un peu, Carmen, rien qu'un moment, arrête.

CARMEN: Et pourquoi, s'il te plaît?

JOSÉ :   . . . Il me semble, là-bas . . . *sound the retreat*
                Oui, ce sont nos clairons qui sonnent la retraite
                Ne les entends-tu pas ?

CARMEN :   Bravo ! J'avais beau faire . . . Il est mélancolique
                De danser sans orchestre. Et vive la musique
                Qui nous tombe du ciel !

*Carmen reprend sa chanson qui se rythme sur la retraite sonnée au
dehors par les clairons.*
  Carmen se remet à danser et don José se remet à regarder Carmen.
  *La retraite approche . . . approche . . . approche . . . passe sous les
fenêtres de l'auberge . . . puis s'éloigne.*
  Le son des clairons va s'affaiblissant.
  *Nouvel effort de don José pour s'arracher à cette contemplation de
Carmen . . .*
  Il lui prend le bras et l'oblige encore de s'arrêter.

JOSÉ :   Tu ne m'as pas compris . . . Carmen, c'est la retraite . . .
                Il faut que, moi, je rentre au quartier pour l'appel.

Le bruit de la retraite cesse tout à coup.
  *Carmen regarde don José qui remet sa giberne et rattache le
ceinturon de son sabre.*

CARMEN :   Au quartier ! pour l'appel ! j'étais vraiment bien bête !
                Je me mettais en quatre et je faisais des frais *go to a lot of trouble*
                Pour amuser monsieur, je chantais . . . je dansais . . .
                Je crois, Dieu me pardonne,
                Qu'un peu plus, je l'aimais . . .
                Ta ra ta ta, c'est le clairon qui sonne !
                Il part ! il est parti !
                Va-t'en donc, canari !

Avec fureur, Carmen envoie son shako à la volée.

                Prends ton shako, ton sabre, ta giberne, *barrack*
                Et va-t'en, mon garçon, retourne à ta caserne.

JOSÉ :   C'est mal à toi, Carmen, de te moquer de moi ;
                Je souffre de partir . . . car jamais, jamais femme,
                Jamais femme avant toi
                Aussi profondément n'avait troublé mon âme.

CARMEN: Ta ra ta ta, mon Dieu ... c'est la retraite,
"Je vais être en retard." Il court, il perd la tête,
Et voilà son amour.

JOSÉ: ... Ainsi tu ne crois pas
A mon amour?

CARMEN: ... Mais non!

JOSÉ: ... Eh bien! tu m'entendras ...

CARMEN: Je ne veux rien entendre ...
Tu vas te faire attendre.

JOSÉ, *violemment*: Tu m'entendras, Carmen, tu m'entendras!

De la main gauche José a saisi brusquement le bras de Carmen; de la main droite, il va chercher sous sa veste d'uniforme la fleur de cassie que Carmen lui a jetée au premier acte.
Il montre cette fleur à Carmen.

I

JOSÉ: La fleur que tu m'avais jetée,
Dans ma prison m'était restée
Flétrie et sèche, mais gardant
Son parfum terrible, enivrant.
Et pendant des heures entières,
Sur mes yeux fermant mes paupières,
Ce parfum, je le respirais,
Et dans la nuit je te voyais.
Car tu n'avais eu qu'à paraître
Qu'à jeter un regard sur moi
Pour t'emparer de tout mon être,
Et j'étais une chose à toi.

II

Je me prenais à te maudire,
A te détester, à me dire:
Pourquoi faut-il que le destin
L'ait mise là, sur mon chemin?
Puis je m'accusais de blasphème
Et je ne sentais en moi-même

Qu'un seul désir, un seul espoir,
Te revoir, Carmen, te revoir!...
Car tu n'avais eu qu'à paraître,
Qu'à jeter un regard sur moi
Pour t'emparer de tout mon être,
Et j'étais une chose à toi.

CARMEN: Non, tu ne m'aimes pas! Non, car si tu m'aimais,
Là-bas, là-bas, tu me suivrais.

JOSÉ: Carmen!

CARMEN: ...Là-bas, là-bas, dans la montagne,
Sur ton cheval tu me prendrais,
Et comme un brave à travers la campagne,
En croupe, tu m'emporterais.

JOSÉ: Carmen!

CARMEN: ...Là-bas, là-bas, si tu m'aimais,
Là-bas, là-bas, tu me suivrais.
Point d'officier à qui tu doives obéir,
Et point de retraite qui sonne
Pour dire à l'amoureux qu'il est temps de partir.

JOSÉ: Carmen!

CARMEN: ...Le ciel ouvert, la vie errante,
Pour pays l'univers, pour loi ta volonté,
Et surtout la chose enivrante,
La liberté! la liberté!
Là-bas, là-bas, si tu m'aimais,
Là-bas, là-bas, tu me suivrais.

JOSÉ, *presque vaincu*: Carmen!

CARMEN: ...Oui, n'est-ce pas,
Là-bas, là-bas, tu me suivras,
Tu m'aimes et tu me suivras.

José s'arrache brusquement des bras de Carmen.

JOSÉ: Non, je ne veux plus t'écouter...
Quitter mon drapeau...déserter...
C'est la honte, c'est l'infamie,
Je n'en veux pas!

CARMEN :   . . . Eh bien, pars !

JOSÉ :   . . . Carmen, je t'en prie . . .

CARMEN :   Je ne t'aime plus, je te hais !

JOSÉ :   Carmen !

CARMEN :   . . . Adieu ! mais adieu pour jamais.

JOSÉ :   Eh bien, soit ! . . . adieu pour jamais.

José va en courant jusqu'à la porte.
Au moment où il y arrive, on frappe.
Don José s'arrête.
Silence.
On frappe encore.

SCÈNE VI

LES MÊMES, LE LIEUTENANT.

LE LIEUTENANT, *au dehors* : Holà, Carmen ! holà ! holà !

JOSÉ :   Qui frappe ? qui vient là ?

CARMEN :   Tais-toi ! . . .

Le Lieutenant fait sauter la porte.

LE LIEUTENANT :   . . . J'ouvre moi-même et j'entre.

Il entre et voit don José. Il s'adresse à Carmen.

Ah ! fi, la belle,
Le choix n'est pas heureux ; c'est se mésallier
De prendre le soldat quand on a l'officier.
à don José.
Allons ! décampe !

JOSÉ :   . . . Non.

LE LIEUTENANT :   . . . Si fait, tu partiras.

JOSÉ :   Je ne partirai pas.

Le Lieutenant le frappe.

LE LIEUTENANT : Drôle !

José saute sur son sabre.
. . . Tonnerre ! il va pleuvoir des coups !
Le Lieutenant dégaine à moitié.

Carmen se jette entre eux.

CARMEN :   Au diable le jaloux !
                              appelant.
                    A moi ! à moi !

Le Dancaïre, le Remendado et les Bohémiens paraissent de tous les côtés.
Carmen, d'un geste, montre le lieutenant aux Bohémiens.
Le Dancaïre et le Remendado se jettent sur lui et le désarment.

CARMEN :   . . . Mon officier, l'amour
          Vous joue en ce moment un assez vilain tour,
          Vous arrivez fort mal et nous sommes forcés,
          Ne voulant être dénoncés,
          De vous garder au moins pendant une heure.

LE DANCAÏRE ET LE REMENDADO :
          Nous allons, cher monsieur, quitter cette demeure,
          Vous viendrez avec nous . . .

CARMEN :   . . . C'est une promenade ;
          Consentez-vous ?

Le Dancaïre et le Remendado tiennent le pistolet à la main.

LE DANCAÏRE ET LE REMENDADO :
          . . . Répondez, camarade,
          Consentez-vous ?

LE LIEUTENANT : . . . Certainement,
          D'autant plus que votre argument
          Est un de ceux auxquels on ne résiste guère
          Mais gare à vous plus tard.

LE DANCAÏRE, *avec philosophie* : . . . La guerre, c'est la guerre,
          En attendant, mon officier,
          Passez devant sans vous faire prier.

L'officier sort, emmené par quatre Bohémiens, le pistolet à la main.

CARMEN, *à don José*: Es-tu des nôtres maintenant?

JOSÉ:　　　　　Il le faut bien.

CARMEN:　　　　... Le mot n'est pas galant,
　　　　　　　　Mais qu'importe, tu t'y feras
　　　　　　　　Comme c'est beau la vie errante,
　　　　　　　　Pour pays l'univers, pour loi ta volonté,
　　　　　　　　Et surtout la chose enivrante,
　　　　　　　　La liberté! la liberté!

TOUS:　　　　　Le ciel ouvert! la vie errante,
　　　　　　　　Pour pays l'univers, pour loi sa volonté,
　　　　　　　　Et surtout la chose enivrante,
　　　　　　　　La liberté! la liberté!

ACTE TROISIÈME

Le rideau se lève sur des rochers . . . site pittoresque et sauvage.
Solitude complète et nuit noire.
Prélude musical.
Au bout de quelques instants, un contrebandier paraît au haut des
rochers, puis un autre, puis deux autres, puis vingt autres ça et là,
descendant et escaladant des rochers.
Des hommes portent de gros ballots sur les épaules.

SCÈNE PREMIÈRE

CARMEN, JOSÉ, LE DANCAÏRE, LE REMENDADO, FRASQUITA, MERCÉDÈS,
CONTREBANDIERS.

CHŒUR : Ecoute, compagnon, écoute,
La fortune est là-bas, là-bas,
Mais prends garde pendant la route,
Prends garde de faire un faux pas.

LE DANCAÏRE, JOSÉ, CARMEN, MERCÉDÈS ET FRASQUITA :
Notre métier est bon, mais pour le faire il faut
Avoir une âme forte,
Le péril est en bas, le péril est en haut,
Il est partout, qu'importe ?
Nous allons devant nous, sans souci du torrent,
Sans souci de l'orage,
Sans souci du soldat qui là-bas nous attend,
Et nous guette au passage.
Ecoute, compagnon, écoute,
La fortune est là-bas, là-bas . . .
Mais prends garde pendant la route,
Prends garde de faire un faux pas.

51

LE DANCAÏRE: Halte! Nous allons nous arrêter ici. Ceux qui ont sommeil pourront dormir pendant une demi-heure . . .

Le Remendado s'étend avec volupté.

LE REMENDADO: Ah!

LE DANCAÏRE: Je vais, moi, voir s'il y a moyen de faire entrer les marchandises dans la ville . . . Une brèche s'est faite dans le mur d'enceinte et nous pourrions passer par là. Malheureusement on a mis un factionnaire pour garder cette brèche.

JOSÉ: Lillas Pastia nous a fait savoir que, cette nuit, ce factionnaire serait un homme à nous.*

LE DANCAÏRE: Oui, mais Lillas Pastia a pu se tromper . . . Le factionnaire qu'il veut dire a pu être changé . . . Avant d'aller plus loin je ne trouve pas mauvais de m'assurer moi-même . . . *Appelant* . . . Remendado! . . .

Le Remendado se réveille.

LE REMENDADO: Hé?

LE DANCAÏRE: Debout, tu vas venir avec moi . . .

LE REMENDADO: Mais, patron . . .

LE DANCAÏRE: Qu'est-ce que c'est?

LE REMENDADO, *se levant*: Voilà, patron, voilà! . . .

LE DANCAÏRE: Allons, passe, devant.

LE REMENDADO: Et moi qui rêvais que j'allais pouvoir dormir . . . C'était un rêve, hélas! C'était un rêve! . . .

Il sort, suivi du Dancaïre.

Un homme à nous : our man, i.e. a man who has agreed to look the other way.

SCÈNE II

LES MÊMES, MOINS LE DANCAÏRE ET LE REMENDADO.

Pendant la scène entre Carmen et José, quelques Bohémiens allument un feu près duquel Mercédès et Frasquita viennent s'asseoir.
Les autres se roulent dans leurs manteaux, se couchent et s'endorment.

JOSÉ: Voyons, Carmen . . . si je t'ai parlé trop durement, je t'en demande pardon. Faisons la paix.

CARMEN: Non.

JOSÉ: Tu ne m'aimes plus, alors?

CARMEN: Ce qui est sûr, c'est que je t'aimes beaucoup moins qu'autre-fois . . . , et que si tu continues à t'y prendre de cette façon-là, je finirai par ne plus t'aimer du tout . . . Je ne veux pas être tourmentée ni surtout commandée. Ce que je veux, c'est être libre et faire ce qu'il me plaît.

JOSÉ: Tu es le diable, Carmen?

CARMEN: Oui. Qu'est-ce que tu regardes là, à quoi penses-tu?

JOSÉ: Je me dis que là-bas . . . à sept ou huit lieues d'ici tout au plus, il y a un village, et dans ce village une bonne vieille femme qui croit que je suis encore un honnête homme . . .

CARMEN: Une bonne vieille femme?

JOSÉ: Oui; ma mère.

CARMEN: Ta mère . . . Eh bien là, vrai, tu ne ferais pas mal d'aller la retrouver, car décidément tu n'es pas fait pour vivre avec nous . . . Chien et loup ne font pas longtemps bon ménage . . .

JOSÉ: Carmen . . .

CARMEN: Sans compter que le métier n'est pas sans péril pour ceux qui, comme toi, refusent de se cacher quand ils entendent des coups de fusils . . . plusieurs des nôtres y ont laissé leur peau . . . Ton tour viendra.

JOSÉ: Et le tien aussi . . . si tu me parles encore de nous séparer et si tu ne te conduis pas avec moi comme je veux que tu te conduises . . .

CARMEN: Tu me tuerais, peut-être? . . .

José ne répond pas.

A la bonne heure! J'ai vu plusieurs fois dans les cartes que nous devions finir ensemble . . .

Elle fait claquer ses castagnettes.

Bah! arrive qui plante . . .

JOSÉ: Tu es le diable, Carmen? . . .

CARMEN: Mais oui, je te l'ai déjà dit . . .

Carmen tourne le dos à don José et va s'asseoir près de Mercédès et de Frasquita.

Après un instant d'indécision, José s'éloigne à son tour et va s'étendre sur les rochers.

Pendant les dernières répliques de la scène, Mercédès et Frasquita ont étalé des cartes devant elles.

Trio

FRASQUITA: Mêlons!

MERCÉDÈS: . . . Coupons!

FRASQUITA: . . . C'est bien cela.

MERCÉDÈS: Trois cartes ici . . .

FRASQUITA: . . . Quatre là.

MER. ET FRAS.:   Et maintenant, parlez, mes belles,
De l'avenir donnez-nous des nouvelles;
Dites-nous qui nous trahira,
Dites-nous qui nous aimera.

FRASQUITA: Moi, je vois un jeune amoureux
Qui m'aime on ne peut davantage.

MERCÉDÈS :   Le mien est très riche et très vieux
               Mais il parle de mariage.

FRASQUITA :   Il me campe sur son cheval,
               Et dans la montagne il m'entraîne.

MERCÉDÈS :   Dans un château presque royal,
               Le mien m'installe en souveraine.

FRASQUITA :   De l'amour à n'en plus finir,
               Tous les jours nouvelles folies.

MERCÉDÈS :   De l'or tant que j'en puis tenir,
               Des diamants . . . des pierreries.

FRASQUITA :   Le mien devient un chef fameux,
               Cent hommes marchent à sa suite.

MERCÉDÈS :   Le mien, en croirai-je mes yeux . . .
               Il meurt, je suis veuve et j'hérite.

               Reprise de l'Ensemble :

               Parlez encore, parlez, mes belles,
               De l'avenir donnez-nous des nouvelles ;
               Dites-nous qui nous trahira,
               Dites-nous qui nous aimera.

Elles recommencent à consulter les cartes.

FRASQUITA :   Fortune !

MERCÉDÈS :   . . . Amour !

Carmen depuis le commencment de la scène, suivait du regard le jeu de Mercédès et de Frasquita.

CARMEN :   Donnez, que j'essaie à mon tour.

Carmen se met à tourner les cartes. Musique de scène.

               Carreau, pique . . . la mort !
               J'ai bien lu . . . moi d'abord . . .

Elle montre don José endormi.

               Ensuite lui . . . pour tous les deux la mort !

A voix basse, tout en continuant à mêler les cartes.

> En vain pour éviter les réponses amères,
> En vain tu mêleras,
> Cela ne sert à rien, les cartes sont sincères
> Et ne mentiront pas.
> Dans le livre d'en haut, si ta page est heureuse,
> Mêle et coupe sans peur,
> La carte sous tes doigts se tournera joyeuse
> T'annonçant le bonheur.
> Mais si tu dois mourir, si le mot redoutable
> Est écrit par le sort,
> Recommence vingt fois . . . la carte impitoyable
> Dira toujours : la mort !

Se remettant.

> Bah ! qu'importe après tout, qu'importe ? . . .
> Carmen bravera tout, Carmen est la plus forte !

TOUTES LES TROIS : Parlez encore, parlez, mes belles,
> De l'avenir donnez-nous des nouvelles,
> Dites-nous qui nous trahira,
> Dites-nous qui nous aimera.

Rentrent le Dancaïre et le Remendado.

SCÈNE III

CARMEN, JOSÉ, FRASQUITA, MERCÉDÈS, LE DANCAÏRE ET LE REMENDADO.

CARMEN : Eh bien ?

LE DANCAÏRE : Eh bien, j'avais raison de ne pas me fier aux renseignements de Lillas Pastia ; nous n'avons pas trouvé son factionnaire, mais en revanche nous avons aperçu trois douaniers qui gardaient la brêche et qui la gardaient bien, je vous assure . . .

CARMEN : Savez-vous leurs noms à ces douaniers ?

La première rencontre de Carmen (Emily Golden) et de Don José (Neil Shicoff)
dans une mise en scène de l'Opéra Lyrique de Chicago, où fut joué
le chef d'œuvre de Bizet.

Grace Bumbry jouant le rôle de Carmen et Franco Corelli, dans le rôle de Don José ont été fortement applaudis à l'Opéra Lyrique de Chicago.

Un moment historique: les chanteurs Nicoletta Panni et Franco Corelli
dans les rôles de Micaëla et de Don José font leurs débuts
à l'Opéra de Chicago.

Emily Golden (Carmen), Nancy Maultsby (Mercédès), Paul Kreider (le Dancaïre), Susan Foster (Frasquita) et Jonathan Green (Le Remendado) dans Carmen à l'Opéra Lyrique de Chicago.

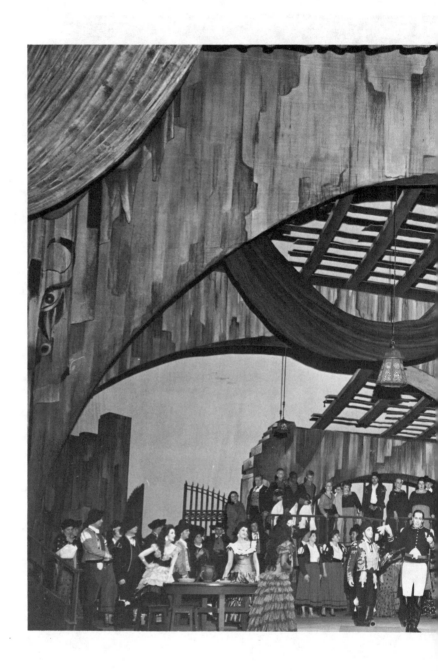

Un des magnifiques décors créé pour l'Opéra Lyrique de Chicago.

Jeanne Madeira dans le rôle de Carmen, et Giuseppe di Stefano, dans celui de Don José, à l'Opéra Lyrique de Chicago.

LE REMENDADO: Certainement nous savons leurs noms; qui est-ce qui connaîtrait les douaniers si nous ne les connaissions pas? Il y avait Eusebio, Perez et Bartolomé.

FRASQUITA: Eusebio . . .

MERCÉDÈS: Perez . . .

CARMEN: Et Bartolomé . . . *En riant.* N'ayez pas peur,*Dancaïre, nous vous en répondons de vos trois douaniers . . .

JOSÉ: *furieux,* Carmen!

LE DANCAÏRE: Ah! toi, tu vas nous laisser tranquilles avec ta jalousie. Le jour vient et nous n'avons pas de temps à perdre! En route, les enfants . . .

> *On commence à prendre les ballots.*

Quant à toi, *s'adressant à José,* je te confie la garde des marchandises que nous n'emporterons pas . . . Tu vas te placer là, sur cette hauteur . . . Tu y seras à merveille pour voir si nous sommes suivis. Dans le cas où tu apercevrais quelqu'un, je t'autorise à passer ta colère sur l'indiscret. Nous y sommes? . . .

LE REMENDADO: Oui, patron.

LE DANCAÏRE: En route, alors . . . *Aux femmes.* Mais vous ne vous flattez pas, vous me répondez vraiment de ces trois douaniers?

CARMEN: N'ayez pas peur, Dancaïre.

Morceau d'ensemble

CARMEN: Quant au douanier c'est notre affaire,
             Tout comme un autre il aime à plaire,
             Il aime à faire le galant,
             Laissez-nous passer en avant.

TOUTES LES TROIS: Quant au douanier c'est notre affaire.
             Laissez-nous passer en avant.

Do not have fear; Don't be afraid.

MERCÉDÈS: Et le douanier sera clément.

FRASQUITA: Et le douanier sera charmant.

CARMEN: Il sera même entreprenant!...

TOUTES LES FEMMES: Quant au douanier c'est notre affaire,
Tout comme un autre il aime à plaire,
Il aime à faire le galant,
Laissez-nous passer en avant.

TOUS LES HOMMES: Quant au douanier c'est leur affaire,
Tout comme un autre il aime à plaire,
Il aime à faire le galant,
Laissons-les passer en avant.

FRASQUITA: Il ne s'agit plus de bataille,
Non, il s'agit tout simplement
De se laisser prendre la taille
Et d'écouter un compliment.

TOUTES LES FEMMES: Quant au douanier c'est notre affaire,
Tout comme un autre il aime à plaire,
Il aime à faire le galant,
Laissez-nous passer en avant.

MERCÉDÈS: S'il faut aller jusqu'au sourire,
Que voulez-vous? on sourira,
Et d'avance, je puis le dire,
La contrebande passera.

TOUTES LES FEMMES: Quant au douanier c'est notre affaire,
Tout comme un autre il aime à plaire,
Il aime à faire le galant,
Laissez-nous passer en avant.

Tout le monde sort.
José ferme la marche et sort en examinant l'amorce de sa carabine.
Un peu avant qu'il soit sorti,* on voit un homme passer sa tête au-dessus du rocher. C'est un guide.

**Qu'il soit sorti :* he has left (past subjunctive).

SCÈNE IV

LE GUIDE, PUIS MICAËLA

Le Guide s'avance avec précaution, puis fait un signe à Micaëla que l'on ne voit pas encore.

LE GUIDE: Nous y sommes.

MICAËLA, *entrant*: C'est ici.

LE GUIDE: Oui, vilain endroit, n'est-ce pas, et pas rassurant du tout.

MICAËLA: Je ne vois personne.

LE GUIDE: Ils viennent de partir, mais ils reviendront bientôt, car ils n'ont pas emporté toutes leurs marchandises . . . Je connais leurs habitudes . . . Prenez garde . . . L'un des leurs doit être en sentinelle quelque part et si l'on nous apercevait . .

MICAËLA: Je l'espère bien qu'on m'apercevra . . . puisque je suis venue ici tout justement pour parler à . . . pour parler à un de ces contrebandiers . . .

LE GUIDE: Eh bien là, vrai, vous pouvez vous vanter d'avoir du courage . . . tout à l'heure quand nous nous sommes trouvés au milieu de ce troupeau de taureaux sauvages que conduisait le célèbre Escamillo, vous n'avez pas tremblé . . . Et maintenant venir ainsi affronter ces Bohémiens . . .

MICAËLA: Je ne suis pas facile à effrayer.

LE GUIDE: Vous dites cela parce que je suis près de vous, mais si vous étiez toute seule . . .

MICAËLA: Je n'aurais pas peur, je vous assure.

LE GUIDE: Bien vrai? . . .

MICAËLA: Bien vrai . . .

LE GUIDE, *naïvement*: Alors, je vous demanderai la permission de m'en aller. J'ai consenti à vous servir de guide parce que vous m'avez bien payé; mais maintenant que vous êtes arrivée, si ça ne vous fait rien, j'irai vous attendre là, où vous m'avez pris . . . à l'auberge qui est au bas de la montagne.

MICAëLA: C'est cela, allez m'attendre!

LE GUIDE: Vous restez décidément?

MICAëLA: Oui, je reste!

LE GUIDE: Que tous les saints du paradis vous soient en aide alors, mais c'est une drôle d'idée que vous avez là . . .

SCÈNE V

Micaëla, regardant autour d'elle.

MICAëLA: Mon guide avait raison . . . l'endroit n'est pas bien rassurant . . .

I

Je dis que rien ne m'épouvante,
Je dis que je réponds de moi,
Mais j'ai beau faire la vaillante,
Au fond du cœur, je meurs d'effroi . . .
Toute seule, en ce lieu sauvage
J'ai peur, mais j'ai tort d'avoir peur,
Vous me donnerez du courage,
Vous me protégerez, Seigneur . . .
Protégez-moi, protégez-moi, Seigneur.

II

Je vais voir de près cette femme
Dont les artifices maudits
Ont fini par faire un infâme
De celui que j'aimais jadis;
Elle est dangereuse, elle est belle,
Mais je ne veux pas avoir peur,
Je parlerai haut devant elle,
Vous me protégerez, Seigneur . . .
Protégez-moi, protégez-moi, Seigneur.

Mais . . . je ne me trompe pas . . . à cent pas d'ici . . . sur ce rocher, c'est don José. *Appelant.* José! José! *Avec terreur.* Mais que fait-il? . . . Il ne regarde pas de mon côté . . . Il arme sa carabine, il ajuste . . . Il fait feu!

On entend un coup de feu.

Ah! mon Dieu, ja'i trop présumé de mon courage . . . J'ai peur . . . J'ai peur.

Micaëla disparaît derrière les rochers.
Au même moment entre Escamillo tenant son chapeau à la main.

SCÈNE VI

ESCAMILLO, PUIS DON JOSÉ.

ESCAMILLO, *regardant son chapeau*: Quelques lignes plus bas . . . et ce n'est pas moi qui, à la course prochaine, aurais eu le plaisir de combattre les taureaux que je suis en train de conduire . . .

Entre José.

JOSÉ: *son couteau à la main*, Qui êtes-vous? Répondez.

ESCAMILLO, *très calme*: Eh là, . . . doucement!

Duo

LE TORERO: Je suis Escamillo, torero de Grenade.

JOSÉ: Escamillo!

LE TORERO: . . . C'est moi.

José remet son couteau à sa ceinture.

JOSÉ: . . . Je connais votre nom,
               Soyez le bienvenu; mais vraiment, camarade,
               Vous pouviez y rester.

LE TORERO :   ... Je ne vous dis pas non,
Mais je suis amoureux, mon cher, à la folie,
Et celui-là serait un pauvre compagnon
Qui, pour voir ses amours, ne risquerait sa vie.

JOSÉ :   Celle que vous aimez est ici ?

LE TORERO :   ... Justement.
C'est une zingara, mon cher.

JOSÉ :   ... Elle s'appelle ?

LE TORERO :   Carmen.

JOSÉ :   ... Carmen !

LE TORERO :   ... Elle avait pour amant
Un soldat qui jadis a déserté pour elle.

JOSÉ :   Carmen !

LE TORERO :   ... Ils s'adoraient, mais c'est fini, je crois.
Les amours de Carmen ne durent pas six mois.

JOSÉ :   Vous l'aimez cependant ...

LE TORERO :   ... Je l'aime.

JOSÉ :   Mais pour nous enlever nos filles de Bohême,
Savez-vous bien qu'il faut payer ?

LE TORERO :   ... Soit, on paiera.

JOSÉ :   Et que le prix se paie à coup de navaja,
Comprenez-vous ?

LE TORERO :   ... Le discours est très net.
Ce déserteur, ce beau soldat qu'elle aime
Ou du moins qu'elle aimait, c'est donc vous ?

JOSÉ :   C'est moi-même.

LE TORERO :   J'en suis ravi, mon cher, et le tour est complet.

Tous les deux, la navaja à la main, se drapent dans leurs manteaux.

Ensemble

JOSÉ:	LE TORERO:
Enfin ma colère	Quelle maladresse!
Trouve à qui parler.	J'en rirais vraiment!
Le sang, je l'espère,	Chercher la maîtresse
Va bientôt couler.	Et trouver l'amant.

Mettez-vous en garde
Et veillez sur vous,
Tant pis pour qui tarde
A parer les coups.

Ils se mettent en garde à une certaine distance.

LE TORERO: Je la connais, ta garde navarraise,
        Et je te préviens en ami,
        Qu'elle ne vaut rien...

Sans répondre, don José marche sur le torero.

        A ton aise
        Je t'aurai du moins averti.

Combat.
Musique de scène.
Le torero, très calme, cherche seulement à se défendre.

JOSÉ: Tu m'épargnes... maudit!

LE TORERO: ... A ce jeu de couteau
        Je suis trop fort pour toi.

JOSÉ: ... Voyons cela.

Rapide et très vif engagement corps à corps.
José se trouve à la merci du torero qui ne le frappe pas.

LE TORERO: ... Tout beau!
        Ta vie est à moi, mais en somme
        J'ai pour métier de frapper le taureau,
        Non de trouer le cœur d'un homme.

JOSÉ: Frappe ou bien meurs... Ceci n'est pas un jeu.

Le Torero se dégage.

LE TORERO : Soit, mais au moins respire un peu.

Reprise de l'ensemble :

JOSÉ :
Enfin ma colère
Trouve à qui parler.
Le sang, je l'espère,
Va bientôt couler.

LE TORERO
Quelle maladresse !
J'en rirais vraiment !
Chercher la maîtresse
Et trouver l'amant.

Mettez-vous en garde
Et veillez sur vous,
Tant pis pour qui tarde
A parer les coups.

Après le dernier ensemble, reprise du combat.
Le torero glisse et tombe.
Entrent Carmen et le Dancaïre.
Carmen arrête le bras de don José.
Le torero se relève.
Le Remendàdo, Mercédès, Frasquita et les contrebandiers rentrent pendant ce temps.

SCÈNE VII

CARMEN : Holà, José ! . . .

LE TORERO, *se relevant* : . . . Vrai, j'ai l'âme ravie
Que ce soit vous, Carmen, qui me sauviez la vie.

CARMEN : Escamillo !

LE TORERO, *à José* : . . . Quant à toi, beau soldat,
Nous sommes manche à manche et nous jouerons
la belle
Le jour où tu voudras reprendre le combat.

LE DANCAÏRE : C'est bon, plus de querelle,
Nous, nous allons partir.
au torero.
Et toi, l'ami, bonsoir.

LE TORERO :   Souffrez au moins qu'avant de vous dire au revoir
               Je vous invite tous aux courses de Séville,
               Je compte pour ma part y briller de mon mieux,
               Et qui m'aime y viendra.
                    A don José qui fait un geste de menace.
                    L'ami, tiens-toi tranquille,
               J'ai tout dit et n'ai plus qu'à faire mes adieux . . .

Jeu de scène :
Don José veut s'élancer sur le torero.
Le Dancaïre et le Remendado le retiennent.
Le torero sort très lentement.

JOSÉ, *à Carmen :* Prends garde à toi, Carmen . . . Je suis las de
               souffrir . . .

Carmen lui répond par un léger haussement d'épaules et s'éloigne de lui.

LE DANCAÏRE : En route . . . en route . . . Il faut partir . . .

TOUS :   En route . . . en route . . . Il faut partir . . .

LE REMENDADO : Halte ! . . . quelqu'un est là qui cherche à se cacher.

Il amène Micaëla.

SCÈNE VIII

LES MÊMES, MICAËLA.

CARMEN :   Une femme !

LE DANCAÏRE : . . . Pardieu, la surprise est heureuse !

JOSÉ, *reconnaissant Micaëla :* Micaëla !

MICAËLA :   . . . Don José !

JOSÉ :   . . . Malheureuse !
               Que viens-tu faire ici ?

MICAËLA :   . . . Moi, je viens te chercher . . .
               Là-bas est la chaumière

> Où, sans cesse priant,
> Une mère, ta mère,
> Pleure son enfant . . .
> Elle pleure et t'appelle,
> Elle te tend les bras;
> Tu prendras pitié d'elle,
> José, tu me suivras.

CARMEN: Va-t'en! Va-t'en! Tu feras bien,
Notre métier ne te vaut rien.

JOSÉ, *à Carmen*: Tu me dis de la suivre?

CARMEN: Oui tu devrais partir.

JOSÉ: Pour que toi tu puisses* courir
Après ton nouvel amant.
Non, vraiment,
Dût-il m'en coûter la vie,
Non, je ne partirai pas,
Et la chaîne qui nous lie
Nous liera jusqu'au trépas . . .
Tu ne m'aimes plus, qu'importe,
Puisque je t'aime encor, moi.
Cette main est assez forte
Pour me répondre de toi,
Je te tiens, fille damnée,
Et je te forcerai bien
A subir la destinée
Qui rive ton sort au mien,
Dût-il m'en coûter la vie,
Non, je ne partirai pas,
Et la chaîne qui nous lie
Nous liera jusqu'au trépas.

MICAËLA: Ecoute-moi, je t'en prie,
Ta mère te tend les bras,
Cette chaîne qui te lie,
José, tu la briseras.

*puisse: can (subjunctive).

CHŒUR :
Il t'en coûtera la vie,
José, si tu ne pars pas,
Et la chaîne qui vous lie
Se rompra par ton trépas.

CARMEN :
C'était écrit ! Cela doit être :
Moi d'abord . . . et puis lui . . . Le destin est le
maître.

MICAËLA :
Don José !

DON JOSÉ :
. . . Laissez-moi, car je suis condamné !

MICAËLA :
Une parole encor ! . . . ce sera la dernière.
Ta mère se meurt et ta mère
Ne voudrait pas mourir sans t'avoir pardonné.

JOSÉ :
Ma mère . . . elle se meurt . . .

MICAËLA :
. . . Oui, don José.

JOSÉ :
. . . Partons !
A Carmen.
Sois contente, je pars, mais nous nous reverrons.

José entraîne Micaëla.
On entend au loin le Torero.

LE TORERO :
Toréador, en garde,
Et songe, en combattant,
Qu'un œil noir te regarde
Et que l'amour t'attend.

José s'arrête au fond dans les rochers.
Il hésite, puis après un instant :

JOSÉ :
Partons, Micaëla, partons !

Carmen, écoute et se penche sur les rochers.
Les Bohémiens ont pris leurs ballots et se mettent en marche.

ACTE QUATRIÈME

Une place à Séville.
Au fond du théâtre les murailles de vieilles arènes.
L'entrée du cirque est fermée par un long velum.
C'est le jour d'un combat de taureaux.
Grand mouvement sur la place: marchands d'eau, d'oranges,
d'éventails . . .

SCÈNE PREMIÈRE

LE LIEUTENANT, ANDRÈS, FRASQUITA, MERCÉDÈS, ETC., PUIS CARMEN
ET ESCAMILLO.

CHŒUR :   A deux cuartos, à deux cuartos,
Des éventails pour s'éventer,
Des oranges pour grignoter
A deux cuartos, à deux cuartos,
Señoras et caballeros . . .

Pendant ce premier chœur sont entrés les deux officiers du deuxième
acte, ayant au bras les deux Bohémiennes Mercédès et Frasquita.

PREMIER OFFICIER :   Des oranges, vite !
Plusieurs marchands se précipitent.

TOUS LES MARCHANDS :   . . . En voici,
Prenez, prenez, mesdemoiselles !

UN MARCHAND, *à l'officier qui paie* : Merci, mon officier, merci . . .

LES AUTRES MARCHANDS : Celles-ci, señor, sont plus belles . . .

TOUS LES MARCHANDS :   A deux cuartos, à deux cuartos,
Señoras et caballeros . . .

MARCHAND DE PROGRAMME : Le programme avec les détails.

69

D'AUTRES MARCHANDS: Du vin ...

D'AUTRES MARCHANDS: ... De l'eau ...

D'AUTRES MARCHANDS: ... Des cigarettes ...

DEUXIÈME OFFICIER: Holà! marchand, des éventails!

UN BOHÉMIEN, *se précipitant*: Voulez-vous aussi des lorgnettes?

CHŒUR: A deux cuartos, à deux cuartos,
Des éventails pour s'éventer,
Des oranges pour grignoter,
A deux cuartos, à deux cuartos,
Señoras et caballeros.

LE LIEUTENANT: Qu'avez-vous donc fait de la Carmencita? Je ne la vois pas.

FRASQUITA: Nous la verrons tout à l'heure ... Escamillo est ici. La Carmencita ne doit pas être loin.

ANDRÈS: Ah! C'est Escamillo, maintenant?

MERCÉDÈS: Elle en est folle ...

FRASQUITA: Et son ancien amoureux José, sait-on ce qu'il est devenu?

LE LIEUTENANT: Il a reparu dans le village où sa mère habitait ...
L'ordre avait même été donné de l'arrêter, mais quand les soldats sont arrivés, José n'était plus là ...

MERCÉDÈS: En sorte qu'il est libre?

LE LIEUTENANT: Oui, pour le moment.

FRASQUITA: Hum! je ne serais pas tranquille à la place de Carmen! Je ne serais pas tranquille du tout.

On entend de grands cris au dehors ... des fanfares, etc., etc. C'est l'arrivée de la Cuadrilla.

CHŒUR: Les voici, voici la quadrille,
La quadrille des toreros,
Sur les lances le soleil brille,

En l'air toques et sombreros!
Les voici, voici la quadrille,
La quadrille des toreros.

Défilé de la Cuadrilla.
Pendant ce défilé, le chœur chante le morceau suivant:

LE CHŒUR:

Entrée des alguazils
Voici, débouchant sur la place,
Voici d'abord, marchant au pas,
L'alguazil à vilaine face,
A bas! à bas! à bas! à bas!

Entrée des chulos et des banderilleros
Et puis saluons au passage,
Saluons les hardis chulos,
Bravo! viva! gloire au courage.
Voyez les banderilleros!
Voyez quel air de crânerie,
Quels regards et de quel éclat
Etincelle la broderie
De leur costume de combat.

Entrée des picadors
Une autre quadrille s'avance,
Les picadors comme ils sont beaux!
Comme ils vont du fer de leur lance
Harceler le flanc des taureaux.

Paraît enfin Escamillo.
Près de lui, Carmen, radieuse et dans un costume éclatant.

Puis l'espadon, la fine lame,
Celui qui vient terminer tout,
Qui paraît à la fin du drame
Et qui frappe le dernier coup.
Bravo! bravo! Escamillo!
Escamillo, bravo!

ESCAMILLO, *à Carmen*:
Si tu m'aimes, Carmen, tu pourras tout à l'heure
En me voyant à l'œuvre être fière de moi.

CARMEN: Je t'aime Escamillo. Je t'aime et que je meurs
Si j'ai jamais aimé quelqu'un autant que toi.

LE CHŒUR: Bravo! bravo! Escamillo!
Escamillo, bravo!

Trompettes au dehors.
Paraissent deux trompettes suivis de quatre alguazils.

PLUSIEURS VOIX AU FOND:
L'alcade, l'alcade,
Le seigneur alcade!
     La foule se range sur le passage de l'alcade.
Pas de bousculade,
Regardons passer
Et se prélasser
Le seigneur alcade.

LES AGUAZILS: Place, place au seigneur alcade!

Petite marche à l'orchestre.
Sur cette marche défile très lentement au fond l'alcade, précédé et suivi des alguazils.
Pendant ce temps Frasquita et Mercédès s'approchent de Carmen.

FRASQUITA: Carmen, un bon conseil, ne reste pas ici.

CARMEN: Et pourquoi, s'il te plaît?

FRASQUITA: . . . Il est là.

CARMEN: . . . Qui donc?

FRASQUITA: . . . Lui,
Don José . . . dans la foule il se cache; regarde.

CARMEN: Oui, je le vois.

FRASQUITA: . . . Prends garde.

CARMEN: Je ne suis pas femme à trembler,
Je reste, je l'attends . . . et je vais lui parler.

L'alcade est entré dans le cirque.
Derrière l'alcade, le cortège de la quadrille reprend sa marche et entre dans le cirque.
Le populaire suit.
L'orchestre joue le motif : Les voici, voici la quadrille.
La foule en se retirant a dégagé don José.
Carmen reste seule au premier plan.
Tous deux se regardent pendant que la foule se dissipe et que le motif de la marche va diminuant et se mourant à l'orchestre.
Sur les dernières notes, Carmen et don José restent seuls, en présence l'un de l'autre.

SCÈNE II

CARMEN, DON JOSÉ.

Duo:

CARMEN: C'est toi?

JOSÉ: . . . C'est moi.

CARMEN: . . . L'on m'avait avertie
Que tu n'étais pas loin, que tu devais venir,
L'on m'avait même dit de craindre pour ma vie,
Mais je suis brave et n'ai pas voulu fuir.

JOSÉ: Je ne menace pas, j'implore, je supplie;
Notre passé, je l'oublie,
Carmen, nous allons tous deux
Commencer une autre vie,
Loin d'ici, sous d'autres cieux.

CARMEN: Tu demandes l'impossible,
Carmen jamais n'a menti,
Son âme reste inflexible
Entre elle et toi, c'est fini.

JOSÉ : Carmen, il en est temps encore,
Ah ! ma Carmen, laisse-moi
Te sauver, toi que j'adore,
Et me sauver avec toi.

CARMEN : Non, je sais bien que c'est l'heure,
Je sais que tu me tueras,
Mais que je vive ou je meure
Je ne céderai pas.

ENSEMBLE :

Carmen, il en est temps encore   Pourquoi t'occuper encore
O ma Carmen laisse-moi   D'un cœur qui n'est plus à toi ?
Te sauver, toi que j'adore   En vain tu dis : je t 'adore,
Et me sauver avec toi.   Tu n'obtiendras rien de moi.

JOSÉ : Tu ne m'aimes donc plus ?

     Silence de Carmen, et don José répète :

Tu ne m'aimes donc plus ?

CARMEN : . . . Non, je ne t'aime plus.

JOSÉ : Mais moi, Carmen, je t'aime encore ;
Carmen, Carmen, moi je t'adore.

CARMEN : A quoi bon tout cela ? que de mots superflus !

JOSÉ : Eh bien, s'il le faut, pour te plaire,
Je resterai bandit, tout ce que tu voudras,
Tout, tu m'entends, mais ne me quitte pas,
Souviens-toi du passé, nous nous aimions naguère.

CARMEN : Jamais Carmen ne cédera,
Libre elle est née et libre elle mourra.

    On entend le Chœur et des fanfares dans le cirque.

CHŒUR : Vivat ! la course est belle,
Sur le sable sanglant
Le taureau qu'on harcèle
S'élance en bondissant . . .
Vivat ! bravo ! victoire !

Frappé juste en plein cœur,
Le taureau tombe! Gloire
Au torero vainqueur!
Victoire! victoire!

Pendant ce chœur, silence de Carmen et de don José.
Tous deux écoutent.
En entendant les cris de: "Victoire! victoire!" Carmen a laissé
échapper un: "Ah!" d'orgueil et de joie.
Don José ne perd pas Carmen de vue.
Le chœur terminé, Carmen fait un pas du côté du cirque.
José se place devant elle.

JOSÉ: Où vas-tu? . . .

CARMEN: . . . Laisse-moi.

JOSÉ: . . . Cet homme qu'on acclame,
               C'est ton nouvel amant!

CARMEN, *voulant passer*: . . . Laisse-moi.

JOSÉ: . . . Sur mon âme,
               Carmen, tu ne passeras pas;
               Carmen, c'est moi que tu suivras!

CARMEN: Laisse-moi, don José . . . je ne te suivrai pas.

JOSÉ: Tu vas le retrouver . . . tu l'aimes donc?

CARMEN: . . . Je l'aime,
               Je l'aime, et devant la mort même,
               Je répéterais que je l'aime.

Fanfares et reprise du Chœur dans le cirque.

CHŒUR: Vivat! bravo! victoire!
               Frappé juste en plein cœur,
               Le taureau tombe! Gloire
               Au torero vainqueur!
               Victoire! Victoire!

JOSÉ: Ainsi, le salut de mon âme,
           Je l'aurai perdu pour que toi,
           Pour que tu t'en ailles, infâme!
           Entre ses bras, rire de moi.
           Non, par le sang, tu n'iras pas,
           Carmen, c'est moi que tu suivras!

CARMEN: Non! non! jamais!

JOSÉ: ... Je suis las de te menacer.

CARMEN: Eh bien! frappe-moi donc ou laisse-moi passer.

CHŒUR: Victoire! Victoire!

JOSÉ: Pour la dernière fois, démon,
           Veux-tu me suivre?

CARMEN: ... Non! non!
           Cette bague autrefois tu me l'avais donnée,
           Tiens ...
           Elle la jette à la volée.

José, le poignard à la main, s'avance sur Carmen.

JOSÉ: Eh bien, damnée ...

Carmen recule; José la poursuit ... Pendant ce temps, fanfares et chœur dans le cirque.

CHŒUR: Toréador, en garde,
           Et songe en combattant
           Qu'un œil noir te regarde
           Et que l'amour t'attend.

José a frappé Carmen.
Elle tombe morte.
Le velum s'ouvre.
La foule sort du cirque.

JOSÉ: Vous pouvez m'arrêter ... c'est moi qui l'ai tuée.

Escamillo paraît sur les marches du cirque.
José se jette sur le corps de Carmen.

JOSÉ: O ma Carmen! ma Carmen adorée!

EXERCICES

Exercices: Acte Premier, Scène Première (pages 1-5)

I. Répondez en français aux questions suivantes en employant une phrase complète:

1. D'où est-ce que Ludovic Halévy et Henry Meilhac ont tiré l'histoire de cet opéra?

2. Décrivez la mise-en-scène du premier acte au lever du rideau. (*la mise-en-scène*: stage setting)

3. Au lever du rideau, que font les soldats pour "tuer le temps"?

4. Décrivez Micaëla. Quel âge lui donneriez-vous?

5. Racontez en vos propres mots ce qui se passe entre Micaëla et les soldats. (*raconter*: to tell, relate; *propre*: own)

6. Quelle est la réponse de Micaëla à l'invitation de Moralès qui voudrait qu'elle entre dans le corps de garde en attendant le retour de don José?

7. Que signifie la phrase: "L'oiseau s'envole"? De qui et de quoi parle Moralès quand il emploie ces mots? (*signifier*: to mean)

8. Décrivez la scène mimée par le vieil homme, sa jeune femme et le jeune galant.

9. Qu'est-ce que l'on entend au loin?

10. Décrivez l'arrivée de la garde montante.

II. Traduisez les mots soulignés: (*traduire*: to translate; *souligné* underlined)

1. Au lever du rideau *une quinzaine de soldats* sont groupés devant le corps de garde.

2. Non, ma charmante, il n'est pas là,
   Mais *tout à l'heure* il y sera.

3. Reprenons notre passe-temps,
   Et *regardons passer les gens*.

77

4. Le jeune homme, à ce moment, tire de sa poche un billet *qu'il fait voir à la dame.*

5. *On entend au loin une marche militaire.*

III. Thème:

1. The soldiers watch Micaëla enter.

2. On the right, there is a tobacco factory.

3. Don José will be there in a little while.

4. Micaëla will come back when the guard going-on-duty replaces the guard going-off-duty.

5. Let's watch the people passing by!

Exercices: Acte Premier, Scènes II, III, IV (pages 5-10)

I. Répondez en français:

1. Que dit Moralès à don José, et qu'est-ce que celui-ci lui répond?

2. Racontez tout ce que vous savez sur ce grand bâtiment près du corps de garde: qu'est-ce que l'on y fabrique? combien d'ou‑ vrières y travaillent? et pourquoi les hommes ne sont-ils pas autorisés à y entrer sans permission?

3. Pourquoi est-ce que don José fait peu d'attention aux ou‑ vrières?

4. Donnez un petit résumé de la vie de don José jusqu'au moment de son entrée dans l'armée.

5. Si Micaëla n'est pas la sœur de don José comment se fait-il qu'elle demeure à la maison de sa mère à lui? (*Comment se fait-il que?* Why is is that . . .?)

6. De quoi don José s'occupe-t-il pendant que les autres soldats murmurent des propos d'amour aux ouvrières?

7. On dirait bien que les ouvrières, dès leur entrée en scène, sont en train de faire de la réclame pour le produit que l'on fabrique à la manufacture. Que font-elles? (*faire de la réclame:* to advertise)

8. Les ouvrières, en regardant monter la fumée, disent que cette fumée ressemble à autre chose. D'après les ouvrières, à quoi la fumée ressemble-t-elle? (*D'après:* according to)

II. Il y a treize mots dans la colonne *A*. Trouvez un synonyme (dans la colonne *B*), ou un antonyme (dans la colonne *C*) qui va avec un mot de la colonne A.

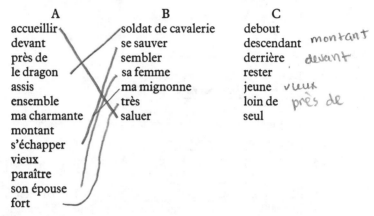

A	B	C
accueillir	soldat de cavalerie	debout
devant	se sauver	descendant *montant*
près de	sembler	derrière *devant*
le dragon	sa femme	rester
assis	ma mignonne	jeune *vieux*
ensemble	très	loin de *près de*
ma charmante	saluer	seul
montant		
s'échapper		
vieux		
paraître		
son épouse		
fort		

III. Thème:

1. The children walk with head held high, shoulders back, and chest thrust out.

2. Moralès told don José that Micaëla would come back in a little while.

3. The lieutenant has been in the regiment for two days.

4. There are four or five hundred working-girls in the tobacco factory, but don José has never looked at them.

5. The lieutenant heard what Moralès was telling don José.

Exercices: Acte Premier, Scènes V, VI, VII (pages 11-17)

I. Répondez en français:

1. Décrivez l'entrée de Carmen.

2. Quels sont les sentiments de Carmen sur l'amour? et quelles sont les deux métaphores qu'elle emploie pour indiquer que, chez elle, ce sentiment aura toujours de folâtre et d'indiscipliné? (*folâtre*: gay, abandoned)

3. Pourquoi Carmen s'intéresse-t-elle à don José?

4. Décrivez la scène de la fleur jetée. Quelle est la réaction de don José? Que fera-t-il de la fleur? Va-t-il la garder?

5. Quelles sont les trois choses que Micaëla doit remettre à don José de la part de sa mère? (*de la part de*: on behalf of)

6. Que dit la lettre?

7. Pourquoi Micaëla s'en va-t-elle?

II. Traduisez les mots soulignés:

1. L'amour est un oiseau rebelle
   Que nul ne peut apprivoiser.

2. Si tu ne m'aimes pas, je t'aime;
   Si je t'aime, *prends garde à toi!*

3. *Qu'est-ce que cela veut dire?*

4. Micaëla apporte de la part de la mère de don José quelque chose *qui vaut mieux que l'argent.*

5. Micaëla *se hausse sur la pointe des pieds* et donne à don José un baiser bien franc, bien maternel. Don José, très ému, *la laisse faire.*

6. Don José embrasse la lettre *avant de commencer à lire.*

III. Thème:

1. Before leaving, Micaëla gives him a kiss.

2. Love has never known any law.

3. The flower fell at don José's feet; Carmen left; she entered the factory.

4. Women and cats never come when they are called; they come when they are not called.

5. Micaëla will see don José's mother in a little while.

6. She has just remembered that his mother told her to buy something.

Exercices: Acte Premier, Scènes VIII, IX (pages 17-22)

I. Répondez en français:

1. Après avoir lu la lettre de sa mère, don José se décide de faire deux choses: que compte-t-il faire? (*compter*: to intend)

2. Pourquoi don José finit-il par garder la fleur que lui a jetée Carmen?

3. Que vient il de se passer à la manufacture?

4. Pourquoi les ouvrières sortent-elles de la manufacture en courant?

5. Pourquoi don José entre-t-il dans la manufacture où, d'ordinaire, il est défendu aux soldats d'entrer? (*il est défendu*: it is forbidden)

6. Décrivez la scène qu'a vue don José en entrant là-dedans.

7. Quelles blessures la Manuela a-t-elle reçues? (*reçu*: past participle of *recevoir*, to receive)

8. Que fait Carmen au lieu de répondre aux questions du lieutenant? (*au lieu de*: instead of)

9. Pourquoi le lieutenant demande-t-il qu'on lui apporte une corde?

10. Pourquoi le lieutenant regrette-t-il d'avoir à envoyer Carmen à la prison?

II. Identifiez le verbe souligné: quel est le temps du verbe, et quel en est l'infinitif?

1. Oui, ma mère, je *ferai* ce que tu désires.

2. La Manuelita disait qu'elle *achèterait* un âne

3 Manuelita *riposta*: Pour certaine promenade mon âne te servira.

4. Là-dessus toutes les deux *se sont prises* aux cheveux.

5. Les soldats *réussissent* enfin à repousser les cigarières.

6. Elle ne disait rien, elle *serrait* les dents et roulait des yeux comme un caméléon.

7. Une discussion *s'était élevée* entre ces deux dames.

8. Avec son couteau elle *avait commencé* à dessiner des croix sur le visage de sa camarade.

9. Carmen, après un regard à don José, *est redevenue* impassible.

10. Si gentille *que vous soyez*, vous n'en irez pas moins faire un tour à la prison.

III. Thème:

1. Don José will do what his mother wants him to do.
2. What has just happened?
3. La Manuelita was saying that she would buy a donkey.
4. The soldiers entered the factory and came out of it.
5. Don't listen to them, listen to us!

Exercices: Acte Premier, Scènes X, XI (pages 23-26)

I. Répondez en français:

1. Que dit Carmen à propos de la corde qui lui lie les poignets?
2. Que fait donc don José?
3. Quelle est la vertu particulière du *bar-làchi*, d'après Carmen? (*la vertu particulière*: the special quality)
4. Quelle histoire Carmen raconte-t-elle à don José?
5. Carmen essaie de persuader à don José de ne pas l'amener en prison: que lui dit-elle?
6. Qui va accompagner Carmen chez Lillas Pastia?
7. Qui délie les mains de Carmen?
8. Décrivez la fuite de Carmen (*la fuite*: the flight)

II. Traduisez les mots soulignés:

1. Hélas, *que deviendrai-je?* Ayez pitié de moi.
2. Comme vous l'avez serrée cette corde... *J'ai les poignets brisés.*
3. Je te donnerai une petite pierre *qui te fera aimer de toutes les femmes.*
4. *Tout à l'heure*, vous avez dit: foi de Navarrais.
5. Je travaillais à la manufacture *pour gagner de quoi retourner en Navarre.*
6. Oui, je suis Bohémienne, mais tu n'en feras pas moins *ce que* je te demande.
7. Ne me parle plus, tu entends! *Je te défends de me parler.*
8. J'ai des galants *à la douzaine.*
   Mais ils ne sont pas à mon gré.
9. Mon officier n'est pas capitaine
   Pas même lieutenant, *il n'est que brigadier.*

III. Thème:

1. Carmen raises her eyes and looks at don José.
2. What will become of her?
3. Don José will do what Carmen asks him to do.
4. Carmen will take her lover to Lillas Pastia's.
5. Don José had forbidden Carmen to speak to him. (Carmen=à Carmen)

Exercices: Acte Deuxième, Scène I (pages 27-31)

I. Répondez en français:

1. Décrivez la mise-en-scène au lever du rideau.
2. Pourquoi Lillas Pastia insiste-t-il que les officiers sortent de sa taverne?
3. Pourquoi le corrégidor n'aime-t-il pas trop Lillas Pastia?
4. En sortant de chez Pastia, où vont aller les officiers?
5. Pourquoi les bohémiennes refusent-elles d'accompagner les officiers au théâtre?
6. De quelle façon a-t-on puni don José pour avoir laissé échapper Carmen?
7. Qui est Escamillo?

II. Traduisez les mots soulignés:

1. Deux Bohémiennes dansent *au milieu de la scène.*
2. Après la danse, Lillas Pastia *se met à* tourner autour des officiers d'un air embarrassé.
3. *Cela veut dire* que tu nous mets à la porte.
4. Je vous fais seulement observer que *mon auberge devait être fermée depuis dix minutes.*
5. *Tu m'en veux.*
6. Pourquoi vous en voudrais-je? Parce qu'*il y a un mois* j'ai eu la cruauté de t'envoyer à la prison.

III. Thème:

1. Carmen is watching the gypsies dance.
2. The inn of Lillas Pastia ought to be closed at twelve o'clock.
3. A month ago don José entered the prison, but he came out of it a few hours ago.

4. Carmen gets up suddenly, and sees Escamillo who is going for a walk in front of the inn.

Exercices: Acte Deuxième, Scènes II, III, et la scène IV jusqu'au fond de la page 38 (pages 32-38)

I. Répondez en français:

1. Quelle réponse Escamillo fait-il au toast des officiers?
2. A quoi pense le toréador en combattant?
3. Décrivez le combat au cirque.
4. Que veut dire Lillas Pastia en disant: "Messieurs les officiers, je vous en prie?"
5. En partant, que dit Escamillo à Carmen et que lui répond-elle?
6. Dans une heure, où ira le lieutenant?
7. (Scène III) Comment s'appellent les deux bohémiens qui viennent d'arriver?
8. Pourquoi Lillas Pastia ferme-t-il les portes et les volets?
9. Qu'apportent les bohémiens de Gibraltar?
10. Pourquoi Carmen ne veut-elle pas partir avec les autres?

II. Trouvez l'antonyme des mots suivants:

(Liste d'antonymes:)

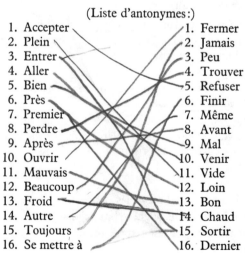

1. Accepter	1. Fermer
2. Plein	2. Jamais
3. Entrer	3. Peu
4. Aller	4. Trouver
5. Bien	5. Refuser
6. Près	6. Finir
7. Premier	7. Même
8. Perdre	8. Avant
9. Après	9. Mal
10. Ouvrir	10. Venir
11. Mauvais	11. Vide
12. Beaucoup	12. Loin
13. Froid	13. Bon
14. Autre	14. Chaud
15. Toujours	15. Sortir
16. Se mettre à	16. Dernier

III. Thème:

1. The lieutenant thanks Escamillo for having accepted his invitation.

2. The officers didn't want the bullfighter to go by without drinking with them.

3. What would Carmen say if Escamillo said that he was in love with her?

4. The battle is not yet lost.

5. Everyone left the tavern, but the gypsies remained there.

6. Two other gypsy-men have just arrived.

Exercices: Acte Deuxième, Scènes IV, V jusqu'à la ligne: "Mets-toi là et mangeons de tout! de tout!" en haut de la page 43 (pages 39-43)

I.   Répondez en français:

1. Que fait le Dancaïre au moment où le Remendado l'appelle "une personne si distinguée"?

2. Qu'est-ce que Carmen a envoyé à don José il y a quinze jours?

3. Que dit le Dancaïre de don José? Croit-il que don José va venir ce soir?

4. Qu'est-ce que l'on entend dans le lointain?

5. Pourquoi Carmen avait-elle envoyé une lime et une pièce d'or à don José?

6. Pourquoi don José ne s'en est-il pas servi pour s'échapper de la prison?

7. Quand don José lui rend l'argent qu'elle lui avait envoyé, que fait Carmen de la pièce d'or?

8. Qu'est-ce que Lillas Pastia leur apporte à manger?

II.   Traduisez les mots soulignés:

1. *Quant à cela*, je l'admets avec vous
   Sans elles, mes toutes belles,
   On ne fait jamais rien de bien.

2. *En voilà assez!* Je t'ai dit qu'il fallait venir, et tu viendras.

3. Carmen attend le soldat à qui, *il y a quinze jours,* elle a envoyé un pain *dans lequel il y avait* une pièce d'or et une lime.

4. Eh bien, *puisque tu ne veux venir que demain,* sais-tu au moins *ce que tu devrais faire?*

5. —Pourquoi ne l'as-tu pas fait?
   —*Que veux-tu?* J'ai encore mon honneur de soldat.

6. L'on m'a mis en prison,
   L'on m'a ôté mon grade,
   Mais *ça m'est égal.*

III. Thème:

1. Through the half-opened shutters, everyone watches don José arriving.

2. Two hours ago don José left the prison.

3. He does not give back to Carmen the file which she had sent to him.

4. Let's eat everything, immediately!

5. Don't be afraid!

6. That doesn't matter to me.

Exercices: Acte Deuxième, Scènes V, VI (pages 43-50)

I. Répondez en français:

1. Que dit Carmen à don José à l'égard de son lieutenant? (*à l'égard de*: about).

2. Pourquoi Carmen casse-t-elle une assiette?

3. Pourquoi don José arrête-t-il la danse de Carmen?

4. Que devrait faire don José?

5. Décrivez la scène où don José essaie de partir et Carmen l'en empêche.

6. Que dit don José à propos de la fleur que Carmen lui avait jetée?

7. Décrivez ce qui se passe après l'arrivée du lieutenant.

8. Pourquoi faut-il maintenant que don José parte avec les bohémiens?

II. Traduisez les mots soulignés:

1. Le lieutenant était à la taverne (*a little while ago*).
2. Il a dit qu'il reviendrait (*in a little while*).
3. Ce sont les clairons qui sonnent la retraite; (*don't you hear them?*)
4. Le bruit de la retraite cesse (*suddenly*).
5. Prends ton shako, ton sabre, ta giberne,
   Et (*go away*), mon garçon, retourne à ta caserne.
6. Don José montre à Carmen la fleur (*which she had thrown to him*).
7. Là-bas il n'y a point de retraite qui sonne
   Pour dire à l'amoureux (*that it is time to leave*).

III. Version:

1. Qu'est-ce que tu as? Est-ce que tu serais jaloux, par hasard?
2. Don José croit entendre les clairons.
3. Je ne t'aime plus, je te hais.
4. Don José va en courant jusqu'à la porte.
5. —Consentez-vous?
   —Certainement, d'autant plus que votre argument est un de ceux auxquels on ne résiste guère.
6. Es-tu des nôtres maintenant?

Exercices: Acte Troisième, Scènes I, II, III (pages 51-58)

I. Répondez en français:

1. Décrivez la mise-en-scène au lever du rideau.
2. Que font les contrebandiers?
3. Quels sont les périls qui menacent les contrebandiers?
4. Que veut faire le Remendado?
5. Où va le Dancaïre?
6. Pourquoi n'est-on pas sûr de pouvoir faire entrer la contrebande par la brèche dans le mur d'enceinte?
7. Que dit Lillas Pastia du factionnaire?
8. A quoi rêvait le Remendado?
9. Que font les autres pendant que Carmen et don José se parlent?
10. Que répond Carmen à la question de don José: "Tu ne m'aimes plus, alors?"
11. Quand don José regarde en bas, pourquoi s'attriste-t-il?

12. Que veut dire l'expression: "Chien et loup ne font pas longtemps bon ménage?"

13. Pourquoi le métier de contrebandier est-il très périlleux pour
don José?

14. De quoi José semble-t-il menacer Carmen?

15. D'après les cartes, qu'est-ce qui attend et José et Carmen?

16. Par qui la brèche est-elle gardée?

17. Que doit faire don José pendant que les autres sont partis?

II. Traduisez les mots soulignés:

1. Le péril est en bas, le péril est en haut.
Il est partout; *qu'importe?*

2. Halte! nous allons nous arrêter ici. *Ceux qui ont sommeil
pourront dormir* pendant une demi-heure.

3. *Une brèche s'est faite* dans le mur, et nous pourrons passer par là.

4. En vain tu mêleras,
Cela ne sert à rien,
Les cartes sont sincères
Et ne mentiront pas.

5. *Un peu avant qu'il ne soit sorti,* on voit un homme passer la
tête au-dessus du rocher.

Exercices: Acte Troisième, Scènes IV, V, VI, VII, VIII
(pages 59-67)

I. Trouvez le contraire:

	(Contraires)
1. Avancer	1. Difficile
2. Entrer	2. Mal
3. Facile	3. Avoir tort
4. Bien	4. De loin
5. Avoir raison	5. Premier
6. De près	6. Après
7. Derrière	7. Sortir
8. Un peu	8. Vite
9. Dernier	9. Devant
10. Avant	10. Bas
11. Lentement	11. Reculer
12. Haut	12. Beaucoup

II. Traduisez les mots soulignés:

1. *Ils viennent de partir,* mais ils reviendront bientôt.
2. *Tout à l'heure,* vous n'avez pas tremblé.
3. Je dis que *rien ne m'épouvante.*
4. *J'ai beau faire la vaillante,* au fond du cœur, je meurs d'effroi.
5. *Je ne me trompe pas,* c'est don José!
6. Il tient son chapeau *à la main.*
7. *Celle que vous aimez* est ici?
8. *Ta vie est à moi,* mais j'ai pour métier de frapper le taureau, non de trouer le cœur d'un homme.
9. Ecoute-moi, je t'en prie, *ta mère te tend les bras.*
10. —Tu me dis de la suivre? —Oui, *tu devrais partir.*

III. Thème:

1. Micaëla does not see anyone.
2. The Bohémiens have just left.
3. Micaëla tells the guide that she will not be afraid.
4. If it doesn't make any difference to you, I will go away.
5. Micaëla is afraid; but she is wrong to be afraid.

IV. Décrivez ce qui se passe au cours du troisième acte. (*au cours de*: during)

Exercices: Acte Quatrième (pages 69-76)

I. Répondez en français:

1. Décrivez la mise-en-scène au lever du rideau.
2. Que vendent les marchands? (*vendre*: to sell)
3. Comment sait-on que Carmen ne doit pas être loin?
4. Pourquoi Frasquita ne serait-elle pas tranquille à la place de Carmen?
5. Quel est le bon conseil que Frasquita donne à Carmen?
6. Que lui répond Carmen?
7. Avant de menacer Carmen, que lui dit don José?

8. Quelle est la réponse de Carmen?

9. Cette fois, quand don José lui pose la question: "Tu ne m'aimes donc plus?", quelle est la réponse de Carmen?

10. Pourquoi entend-on les cris de: "Victoire! Victoire!"?

11. Décrivez la mort de Carmen.

12. Après avoir tué Carmen, que dit et que fait don José?

II. Traduisez les mots soulignés:

1. —Donnez-nous des oranges, vite. —*Here are some!*

2. —Donnez-nous *some wine, some water, and some cigarettes.*

3. —Je ne vois pas Carmen. —Nous la verrons *in a little while.*

4. *When the soldiers arrived, José was no longer there.*

5. Ne me quitte pas, *remember the past!*

III. Traduisez les mots soulignés:

1. Et son ancien amoureux José, sait-on *ce qu'il est devenu?*

2. *Comme ils sont beaux!* Comme ils vont du fer de leur lance harceler le flanc des taureaux.

3. *Pas de bousculade!* Regardons passer le seigneur alcade.

4. *L'on m'avait avertie* que tu n'étais pas loin.

5. —Carmen, moi je t'adore! —*A quoi bon tout cela?*

VOCABULAIRE

A

à, to, at; **au, aux,** to the, at the

l'abord, *m.,* access; **d'abord,** at first, first

absent, absent

absolument, absolutely, exactly

accepter, to accept

l'acclamation, *f.,* shouted approval

acclamer, to acclaim

accompagner, to accompany

l'accord, *m.,* agreement, accord; **d'accord,** in agreement

accoudé, leaning on one's elbow

accueillir, to greet, welcome

accuser, to accuse

l'achat, *m.,* purchase

acheter, to buy

l'acte, *m.,* act

adapter, s'adapter, to adapt

adieu, farewell

admettre, to admit

admirable, admirable

adorer, to adore

l'adresse, *f.,* skill

adresser, s'adresser à, to speak to

l'adversaire, *m.,* adversary

affaiblir, s'affaiblir, to weaken, grow weak; **va s'affaiblissant,** grows fainter and fainter

l'affaire, matter, business; **les affaires,** business; **affaire d'honneur,** duel; **affaire de cœur,** love affair

l'affaire, matter; **les affaires,** business; **affaire d'honneur,** duel

affairé, busy

affiler, to sharpen

affronter, to confront

afin de, in order to

l'âge, *m.,* age

l'agent, *m.,* agent

agir, to act; **il s'agit de,** it's a question of

agréable, agreeable

l'aide, *m.,* assistant

l'aide, *f.,* help, aid; **être en aide,** help

aider, to help

l'aile, *f.,* wing

aimer, to love, like; **aimer mieux,** to prefer

ainsi, thus, so; **s'il en est ainsi,** if that's the way it is; **et ainsi de suite,** and so on

l'air, *m.,* air, tune, manner; **avoir l'air,** to seem

l'aise, *f.,* ease; **se mettre à leur aise,** to remove some clothing in order to be more relaxed; **à l'aise,** relaxed; **je serais fort aise,** I would be very glad; **tu peux m'aimer tout à ton aise,** you may love me as much as you please

ajouter, to add

ajuster, to aim, adjust

Alava, Basque province of northern Spain

l'alcade, *m.,* Spanish magistrate

l'alguazil, *m.,* Spanish policeman

l'allée, *f.,* going; path; **allées et venues,** comings and goings

aller, to go; **s'en aller,** to go away

allons donc, oh, come now! come!

allumer, to light, light up

Almanza, small town in east of Spain

alors, then, well, so

l'amant, *m.,* lover

l'âme, *f.,* soul

amener, to lead, bring

amer, bitter

l'ami, *m.,* **l'amie,** *f.,* friend

l'amitié, *f.,* friendship; **voulez-vous nous faire l'amitié de monter ici,** would you be kind enough to come up here

l'amorce, *f.,* priming – mechanism (priming-mechanism)

l'amour, *m.,* in singular, *f.,* in plural, love

l'amoureuse, *f.,* woman in love; **amoureuse,** in love

l'amoureux, *m.,* man in love, lover

amuser, to amuse; **s'amuser,** to have a good time

l'an, *m.*, year

ancien, ancienne, former, old

andalou, andalouse, Andalousian

l'âne, *m.*, donkey

anglais, English

l'animation, *f.*, vivacity, liveliness

l'anneau, *m.*, ring, bracelet, hoop

annoncer, to announce

apercevoir, s'apercevoir, to notice

l'apostrophe, *f.*, insult

l'appel, *m.*, call, roll-call, muster

appeler, to call; **s'appeler,** to be called, named; **je m'appelle,** my name is

apporter, to carry, bring

apprivoiser, to tame

approcher, s'approcher, to draw near

appuyer, s'appuyer, to lean

après, after

ardent, ardent, wildly enthused

l'arène, *f.*, arena, bull-ring

l'argent, *m.*, silver, money

l'argument, *m.*, argument

l'arme, *f.*, weapon

armer, to load a weapon; arm

arracher, to pull out, snatch away, uproot; **s'arracher à,** to tear oneself away from

arranger, to arrange, adjust

arrêter, to stop, arrest; **s'arrêter,** to stop

arrière, en arrière, back, backwards

l'arrivée, *f.*, arrival

arriver, to arrive, happen; **arrive qui plante,** what's to be will be

l'art, *m.*, art

l'artifice, *m.*, ruse, wile

asseoir, s'asseoir, to sit down

assez, enough, rather

l'assiette, *f.*, plate

assis, seated

assister, to be present

assourdi, stunned, deafened

assurer, s'assurer, to assure oneself

attacher, to tie, to tie up

attendre, to wait, await

attendrir, to soften, weaken, touch

attraper, to catch

attrister, to sadden, make sad

l'auberge, *f.*, hostel, inn

aucun (with **ne**), not-a-single-one, no

au-dessus, de, above

aujourd'hui, today

auquel, auxquels, auxquelles, to which, at which

au revoir, goodbye

aussi, also, too, as

autant, as much; **d'autant moins,** so much the less; **d'autant plus,** so much the more, all the more

autoriser, to authorize

autour, around

autre, other; **de temps à autre,** from time to time

nous autres bohémiennes, autre need not be translated in this expression

autrefois, formerly; other days, other times

autrement, otherwise

auxquels, to which, which

l'avance, *f.*, advance; **d'avance.** in advance, beforehand

avancer, to advance

avant, avant que, before; **en avant,** forward, ahead

l'avantage, *m.*, advantage

avec, with

l'avenir, *m.*, future

avertir, to warn

l'avis, *m.*, opinion, advice

aviser, s'aviser de, to take it into one's head to

avoir, to have; **qu'est-ce que tu as?** What's the matter with you?

avouer, to confess

B

la **bague,** ring

le **baiser,** kiss

la **balafre,** facial gash or slash, scratch

balafrer, to slash or claw the face

le **balai,** broom

balancer, to sway

la **baliverne,** light bantering conversation, nonsense

la **balle,** bullet
le **ballot,** bundle of merchandise, pack of wares
la **balustrade,** railing or stair rail and the spindles that support it
le **banc,** bench
la **bande,** band
la **banderille,** barbed dart thrust in shoulders of bull in bull fight
le **banderillero,** one who thrusts small darts into the bull
la **banderole,** streamer
le **bandit,** bandit
le **bar lachi,** gypsy word for loadstone, an iron oxide strongly attracted by a magnet and possessing polarity; gypsies attribute magical properties to it
le **barreau,** bar
bas, basse, low; in a stage whisper; **a bas,** down with him! Boo! **en bas,** below, down there
le **bas,** lower part, stocking; **au bas de,** below; **plus bas,** lower
basque, from the Basque country in the Western Pyrénées in Spain and France; **le basque,** the Basque language, a unique agglutinative tongue, possibly the only survival of ancient Iberian, perhaps related to the Berber languages of North Africa
la **bataille,** battle
le **bâtiment,** building
battre, to beat; **se battre,** to fight
le **bavardage,** chatter, silly talk
bavarder, to chat
beau (bel, belle, beaux), handsome, fine, beautiful; **avoir beau,** plus an infinitive means to do something in vain; **tout beau!** calm down! **de plus belle,** more vigorously than before
beaucoup, much, very much, many, a lot
le **béret,** round flat cap worn by Basques
le **besoin,** need; **au besoin,** if needed; **avoir besoin de,** to need
la **bête,** beast, animal
bête, stupid, silly, unintelligent

la **bêtise,** stupidity, foolish act, foolish talk
bien, well, very, really; **bien que,** although; **eh bien,** well; **elles sont bien quatre cents,** there are easily four hundred of them
les **biens,** *m.,* property
bientôt, soon; **à bientôt,** see you soon
bienvenu, welcome
le **billet,** note, ticket; **billet doux,** love letter
bistré, darkish brown color, bronzed
bistrer, to darken hue of; to tan
Bizet (Georges), compositeur français, né à Paris (1838–1875)
blanc, blanche, white
le **blasphème,** oath, blasphemy
blessant, wounding
blessé, wounded; **le blessé,** wounded man
blesser, to wound
la **blessure,** wound
bleu, blue
la **bohême,** Bohemia; **enfant de bohême,** gypsy
bohémien, bohémienne, gypsy
boire, to drink
bon, bonne, good; **pour tout de bon,** seriously; **à quoi bon?** What's the use?
le **bonbon,** candy
bondir, to leap, leap forward
bondissant, bounding
le **bonheur,** happiness; **par bonheur,** luckily; **quel bonheur,** what a pleasure!
bonsoir, good evening, goodbye
la **bonté,** kindness
la **bouche,** mouth
le **bouquet,** bunch of flowers
bourgeois, middle-class, plebeian
la **bourse,** purse, sack of money
la **bousculade,** jostling
bousculer, to jostle, elbow; to overturn
le **bout,** end; **rire du bout des dents,** to laugh, mirthlessly; **fumer du bout des dents,** to let cigarette dangle from lips

le **bras,** arm; **à bras le corps,** hand-to-hand combat; **à tour de bras,** with all their strength
brave, brave; "good-old"
braver, to defy
bravo! well done!
la **brèche,** breach, gap
le **brigadier,** lowest military rank, corporal
briller, to shine
briser, to break
la **broderie,** embroidery
le **bruit,** noise
brûler, to burn
brun, brown, dark-skinned, brunette
brusque, abrupt
brusquement, abruptly
bruyamment, noisily

C

ça, abbreviation of **cela,** that; **ça et là,** here and there
le **caballero,** member of the Spanish upper class; monsieur
cacher, to hide
le **cadre,** frame
cadrer, to synchronize, match
calme, calm
calmer, to calm
le **camarade,** comrade, friend
camarguais, from la Camargue, marshy island in delta of the Rhone River, France
le **caméléon,** chameleon
le **camp,** camp
la **campagne,** country, rural area; military expedition; **mauvaise campagne,** you're wasting your time!
camper, to camp, put
le **canari,** canary; (by implication) coward, "chicken"
le **capitaine,** captain
caqueter, to chat, cackle
car, for, because
la **carabine,** carbine, short light cavalry rifle or musket
le **caractère,** character
la **Carmencita,** Carmen
le **carreau,** tile, pane of glass, square; (cards) diamonds

la **carte,** card
le **cas,** case; **en tout cas,** in any case
la **caserne,** barracks
casser, to break
la **cassie,** acacia, plant of the mimosa family, bearing clusters of fragrant yellow or white flowers
les **castagnettes,** *f.,* small hollowed pieces of wood or ivory, held between the fingers and clapped rapidly together to accompany a Spanish dance
causer, to chat; to cause
ce (cet, cette, ces), this, that; plural: these, those; **ce que, ce qui,** what, that which
céder, to yield
la **ceinture,** belt
le **ceinturon,** sword belt
cela (ça), that
célèbre, famous
celle, *f.,* this one, the one, that one
celui, *m.,* this one, the one, that one; plural: **ceux**
cent, a hundred
le **centurion,** captain or officer commanding a hundred men
cependant, however
le **cercle,** circle
certain, certain, a certain
certainement, certainly
certes, certainly
la **cesse,** respite, cessation; **sans cesse,** without stopping
cesser, to stop
cet, cette, this, that
chacun, each one
la **chaîne,** chain
la **chaise,** chair
le **change,** change
changer, to change
la **chanson,** song; **chansons,** nonsense, silly talk
le **chant,** song
chanter, to sing
le **chapeau,** hat
la **chapelle,** chapel
la **charge,** burden; powder-charge
charger, to charge, commission, entrust, ask someone to do something; to load a weapon

charmant, charming; **ma charmante,** my dear, my pretty one
le **charme,** charm
le **chat,** cat
le **château,** palatial country house
chaud, warm, hot
la **chaumière,** hut
le **chef,** chief, leader
le **chemin,** path, way
cher, chère, dear, beloved
chercher, to seek, strive, look for,
try to; **chercher querelle,** pick a
quarrel
chéri, chérie, darling, beloved
le **cheval,** horse; plural: **chevaux**
le **cheveu, les cheveux,** hair
chez, at-the-home-of; at-the-place-
of-business-of; **de chez nous,**
from home
le **chien,** dog
le **chœur,** chorus
choisir, to choose
le **choix,** choice
la **chose,** thing; **quelque chose,** something; **une chose à toi,** one of
your possessions
chrétien, chrétienne, Christian
le **chulo,** unmounted bullfighter who
helps to keep the bull in a fighting
mood
chut! Sh! Quiet!
le **ciel, les cieux,** sky; heaven
la **cigalière,** sun-scorched earth
le **cigare,** cigar
la **cigarette,** cigarette
la **cigarière,** cigar factory worker
cinq, five
le **cirque,** arena, bull-ring
clair, bright, clear
le **clairon,** trumpet
claquer, to click, crack, clack
clément, kind, indulgent
la **cloche,** bell
le **cœur,** heart, courage
le **coin,** corner
la **colère,** anger
le **combat,** combat, fight
combattre, to fight
combien, how many? how much?
commander, to order, command
comme, as, like; how
commencer, to begin

le **commencement,** beginning
comment, how, what
la **compagnie,** company
le **compagnon,** companion
le **compère,** friend, fellow
complet complète, complete
le **compliment,** compliment
comprendre, to understand
compter, to count
condamné, condemned
conduire, to lead, conduct, drive;
se conduire, to behave
la **confession,** confession
confier, to trust, entrust
confit, preserved; **les confits,** *m.,*
preserves
la **confusion,** confusion
connaître, to be acquainted with,
know; **s'y connaître,** to be an
expert on a subject
le **conseil,** advice, word of advice
conseiller, to advise
consentir, to consent
la **consigne,** order, especially military
order
consolable, capable of being con-
soled
consoler, to console, comfort; **se
consoler,** to "get over" something
consulter, to consult
la **contemplation,** contemplation
content, glad, contented, pleased
contenter, to please, content; **se
contenter de,** to be contented
with
continuer, to continue
contre, against
la **contrebande,** smuggled goods;
smuggling
le **contrebandier,** smuggler
convenir, to agree; **il lui convient,**
it suits him, it pleases him
coquet, coquette, flirtatious
le **coquin,** rascal
la **coquine,** tramp, unprincipled
woman
la **corde,** cord, rope
cordial, cordiaux, cordial
le **corps,** body; **corps de garde,**
guardhouse; **corps à corps,** hand
to hand combat

le **corrégidor,** Spanish police officer

le **corsage,** torso, top part of a dress, bodice

le **cortège,** train of followers, procession

le **costume,** clothing, dress, costume, outfit

la **côte,** slope of a hill, hillside, coast

le **côté,** side, direction; **de leur côté,** toward them; **du côté de,** toward; **à côté de,** beside

coucher, se coucher, to lie down, go to bed

le **coude,** elbow

couler, to flow

la **couleur,** color

la **coulisse,** backstage, offstage, the wings of a theater

le **coup,** blow; a versatile word used in many locutions; **coup d'epée,** sword thrust; **coup de couteau,** knife wound; **coup de feu, coup de fusil,** gunshot; **coup de pied,** kick; **tout à coup, tout d'un coup,** suddenly; **d'un seul coup,** all at once

coupable, guilty

couper, to cut

le **couplet,** verse

le **courage,** courage

le **courant,** current; **courant,** running

courir, to run

la **course,** race, errand, course; **course de taureaux,** bull-fight

court, short

le **couteau,** knife

coûter, to cost; **coûte que coûte,** cost what it may

couvert, covered

craindre, to fear

la **crainte,** fear

la **crânerie,** brashness, foolhardiness

le **cri,** cry, shout

crier, to shout

le **crime,** crime

croire, to believe, think; **je crois bien que je le veux,** of course I would like it

la **croix,** cross

croquer, to crack between the teeth, to champ

la **croupe,** crupper of an animal; **en croupe,** mounted behind the horseman

la **cruauté,** cruelty

cruel, cruelle, cruel

la **cuadrilla,** group of toreadors in parade formation

le **cuarto,** former Spanish copper coin of low value

le **cuivre,** copper

curieux, curieuse, curious, odd, strange, interesting

D

daigner, to deign, condescend

la **dame,** lady

dame! affirmative exclamation, also expresses astonishment: Well! Good idea!

damné, damned, doomed

le **danger,** danger

dangereux, dangereuse, dangerous

dans, in

la **danse,** dance

danser, to dance

davantage, more

déboucher, to flow into, emerge into; come out; unstop

debout, standing; **debout!** Get up!

décamper, to pack up and leave in haste, decamp, get out quickly

décidément, decisively, without a doubt, for sure

décider, se décider, to decide, persuade

décrire, to describe

dedans, within, inside

défendre, to forbid, defend

le **défilé,** parade, line of marching troops; narrow pass

défiler, to parade; to march in formation; to unstring

dégager, se dégager, to disentangle oneself, set free, get away, step aside; reveal

la **dégaine,** foolish attitude or behavior

dégainer, to unsheath a weapon

dégrader, to reduce rank of; degrade

dehors, au dehors, en dehors, out, outside
déjà, already
délier, to untie, loose
demain, tomorrow
demander, to ask, ask for; **se demander,** to wonder
la **demeure,** dwelling
demeurer, to remain, dwell
la **demi-heure,** half hour
le **démon,** demon
dénoncer, to denounce, reveal, accuse
la **dent,** tooth; **fumant la cigarétte du bout des dents,** cigarette dangling from the lips
le **départ,** departure
déplaire, to displease; **ne vous en déplaise,** no matter what you may think, begging your pardon
déposer, to depose, set down
depuis, since, for; **depuis dix minutes,** ten minutes ago
depuis, since, for
dernier, last
derrière, behind
dès, dès que, since, as soon as
désarmer, to disarm
descendant, going down; **la garde descendante,** soldier of the guard going off duty; le **descendant,** descendant
descendre, to go down
déserter, to desert
le **déserteur,** deserter
le **désir,** desire
désirer, to desire, wish
désolé, unhappy, very sorry
désoler, to make unhappy
le **désordre,** disorder
desserrer, to loosen
dessiner, to sketch, outline
dessus, au dessus de, above
  là-dessus, thereupon
le **destin,** destiny
la **destinée,** fate
destiner, to destine, intend for
le **détail,** detail; retail sale; careful narration of an event
détester, to detest
détourner, to turn aside
la **dette,** debt

deux, two; **tous deux, tous les deux, toutes les deux,** both of them; **les vrais plaisirs sont à deux,** It takes two to be really happy
deuxième, second
devant, in front of; straight ahead
devenir, to become; **que deviendrai-je?** What will become of me?
le **devoir,** duty
devoir (verb expressing obligation), ought, must, should; owe
dévorer, to devour
le **diable,** devil, fellow; **il est au diable,** he is far away; **au diable ce bavardage,** enough of this chatter
le **diamant,** diamond
dieu, God; **mon Dieu!** my goodness!
diminuer, to diminish, lessen
  aller diminuant, gradually fade out
le **dîner,** dinner, supper, meal, lunch
dîner, to dine, eat
dire, to say, tell; **c'est à dire,** that is to say; **vouloir dire,** to mean; **comment dis-tu ça,** Just what do you mean by that?
le **discours,** speech, discourse
la **discussion,** discussion
disposer, to arrange, dispose
disparaître, to disappear
disputer, to dispute, quarrel
dissiper, to dissipate, squander, melt away
la **distance,** distance; **à distance,** at a distance
distingué, distinguished
dit, said, agreed
dix, ten
dix-sept, seventeen
le **doigt,** finger
le **dommage,** loss; **c'est dommage,** it's too bad, it's a pity
donc, well, then, so. (A weak word, sometimes it need not be translated)
donner, to give
dont, of whom, whose, of which, in which, with which

dormir, to sleep
le dos, back
le douanier, customs officer
doucement, gently; doucement! Take it easy!
le doute, doubt; sans doute, doubtless, of course
douter, to doubt; se douter, to suspect
doux, douce, sweet, gentle; billet doux, love note, love letter; tout doux! Easy now!
la douzaine, dozen; à la douzaine, by the dozen
le dragon, soldier, cavalryman, dragoon
le drame, drama
le drapeau, flag
draper, to drape
droit, right, straight; à droite, on the right, to the right
drôle, drôle de, amusing, odd, strange; drôle de gens que ces gens-là! How amusing those people are!
le drôle, wretch! scum! fool!
la duperie, trickery, deceit
durement, harshly
durer, to last, endure
dût, il dût (imperfect subjunctive of devoir); dût-il m'en coûter la vie, even if it costs me my life

E

l'eau, f., water
éblouir, to dazzle, scintillate
écarter, to separate, spread apart, put a distance between, cause to deviate from, ward off
l'échange, f., exchange
échanger, to exchange
échapper, s'échapper, to escape, flee
l'éclat, m., brilliance, celebrity, noise, a sudden shattering burst of light or sound; éclat de rire, burst of laughter
éclatant, brilliant, dazzling; loud, ear-shattering, blaring
écouter, to listen to
écrire, to write
l'effet, m., effect; en effet, indeed

efforcer, s'efforcer, to strive
l'effort, m., effort
effrayer, to frighten
l'effroi, m., fright
l'effronterie, f., impudence, boldness
égal, égaux, equal; ça m'est égal, It's all the same to me
égaler, to equal
l'égard, m., mark of esteem, respect; à l'égard de, relative to, about; étant assez mal disposé à mon égard, having a rather unfavorable attitude to me
l'église, f., church
l'Egypte, f., Egypt
eh bien, well
élancer, s'élancer, to rush forward, to fling or hurl oneself
élever, to lift up, bring up; s'élever, to arise
elle-même, herself, itself
éloigné, far away
éloigner, s'éloigner, to move away, take away
l'embarquement, m., embarcation, setting sail, expediting
l'embarras, m., embarrassment
embarrasser, to embarrass, encumber
embrasser, to kiss, embrace
emmener, to take (someone) somewhere, carry off
émoucher, to brush the flies away
émouvoir, to move emotionally
emparer, s'emparer de, to seize hold of, take possession of
empêcher, to prevent
employer, to use
emporter, to carry away
empressé, in a hurry, eager
s'empresser, to hurry, hasten
emprisonner, to imprison
ému, moved, worried
en, in; en bas, below; en haut, above up there; en ami, as a friend
l'enceinte, f., mur d'enceinte, encircling wall
encor, encore, again, still, yet, even; encore une fois, once more

encourageant, encouraging
encourager, to encourage
endormi, asleep
endormir, to put to sleep; s'endormir, to fall asleep
l'endroit, m., place
l'enfant, m. and f., child, young person
enfiévrer, to make feverish
enfin, finally, in short; well
enfuir, s'enfuir, to flee
l'engagement, m., pledged word; voluntary enlistment; brief conflict
enivrant, intoxicating
enivrer, to intoxicate
l'enjambée, f., stride; faire de grandes enjambées, to take giant steps
enjamber, to straddle
enlever, to take away
ennuyer, to bore; s'ennuyer, be bored
ensemble, together, ensemble
ensorceler, to bewitch
ensuite, then, next
entendre, to hear; s'entendre, to come to a mutual understanding, get along
entier, whole, entire
entourant, surrounding
entourer, to surround
entraînant, having the quality of contagious excitement, intoxicating
entraîner, to drag, drag down, drag along, carry away
entre, between
l'entrée, f., entrance
entreprenant, enterprising
entreprendre, to undertake
entrer, to enter
entr'ouvrir, to half-open
envoler, s'envoler, to fly away
envoyer, to send
épargner, to spare
l'épaule, f., shoulder
l'épée, f., sword
l'épinglette, f., primer, cleaning-tool, pin
l'épinglier, m., pin-maker, "pinner"

l'épouse, f., bride, wife
épouser, to marry
l'épouvante, f., sudden terror
épouvanter, to terrify
l'époux, m., groom, husband
errant, wandering
errer, to wander
l'escabeau, m., stool
escalader, to scale, mount, climb
l'escalier, m., staircase
l'espadon, m., large heavy sword, held with both hands; also, the man who carries this sword
espérer, to hope; je l'espère bien, I really hope so
l'espoir, m., hope
l'esprit, m., spirit, mind, soul, wit
essayer, to try, try out
est-ce que: this locution placed in front of a statement, turns it into a question; n'est-ce pas? placed after a statement, asks for confirmation: Isn't it? Aren't we? etc.
établir, to establish
étaler, s'étaler, to spread out
étendre, s'étendre, to stretch out, relax
l'étendue, f., expanse, extent
étinceler, to sparkle
l'étincelle, f., spark
l'étoffe, f., material, stuff, fabric
étonner, to astonish
étrange, strange
l'être, being, creature
être, to be; nous y sommes? we're all set?
étudier, to study
l'évent, m., small opening, vent; a l'évent, in the open air
l'éventail, m., fan
éventer, s'éventer, to fan
éviter, to avoid
exact, precise, prompt, correct
exactement, precisely
examiner, to examine
excepté, except
excepter, to exclude, except
l'exemple, m., example; par exemple! an expression of surprise (e.g. for goodness sake!)

F

fabriquer, to manufacture, make

la **face,** face; side of a coin, aspect; **face à, en face de,** opposite

fâcher, to anger; **se fâcher,** get angry

facile, easy

la **façon,** manner, way

le **factionnaire,** soldier on guard duty

faible, weak; **avoir un faible pour,** have a weakness for

la **faïence,** pottery

faire, to make, do; **faire voir,** show; **se faire à, s'y faire,** to get accustomed to, get used to; **faire des frais,** to make a fuss over; **faire peur,** frighten; **faire feu,** fire a weapon; **faire la fière,** act disdainful; **Pourquoi faire?** what for? **faire signe,** make a sign to; **il fait tard,** it's getting late; **cela ne fait rien, ça ne fait rien,** it doesn't make any difference; **de leurs instruments faisaient rage,** were playing their instruments furiously

le **fait,** fact, deed; **au fait,** everything considered; **si fait** (expression of affirmation), yes, of course! **tout à fait,** completely; **en fait de,** as far as — is concerned

falloir, to be necessary: **il faut, il fallait, il faudra, il fallut, il a fallu, qu'il faille**

fameux, fameuse, celebrated

la **fanfare,** flourish of trumpets, boast

la **fatuité,** stupidity, impertinence

la **faute,** mistake; **faire faute,** to fail; **faute de,** for lack of; **sans faute,** without fail

faux, fausse, false

la **femme,** woman, wife

la **fenêtre,** window

le **fer,** iron, sword, blade, horseshoe, torture; **tomber les quatre fers en l'air,** to get knocked down, thrown flat on one's back

fermer, to close; **fermer la marche,** to be last in line

la **fête,** festival, festivity; **en fête,** in a gay mood

le **feu,** fire; **faire feu,** to shoot, fire; **coup de feu,** shot, gunshot; **feu d'artifice,** fireworks.

fi! exclamation of disgust or scorn: Fie! Shame!

fidèle, faithful

fidèlement, faithfully

fier, proud

fier, se fier à, to trust

le **fifre,** fife

la **figure,** face

le **fil,** thread, wire; **fil de laiton,** brass wire

la **fille,** daughter, girl; **la jeune fille,** girl

le **filou,** sneak thief

le **fils,** son, boy

la **fin,** end

fin, delicate, subtle, crafty; well-balanced

finir, to finish; **à n'en plus finir,** endless, endlessly

fixer, fixed, immobile; **fixer les yeux sur,** to stare at

fixé, fastened upon, staring at

le **flanc,** flank

flatter, to flatter

fléchir, to flex; soften, weaken, yield, persuade

flétrir, to wither

la **fleur,** flower; **à fleur de peau,** only skin deep

flotter, to float

la **foi,** faith, honor, pledged word; **ma foi!** (interjection), well, really! my goodness! **sur ma foi,** take my word for it

la **fois,** time; **une fois que,** once; **à la fois,** at the same time; **encore une fois,** once more

fol, folle (fou), mad, wild, crazy

la **folie,** madness, foolishness; **aimer à la folie,** to be madly in love

le **fond,** back, bottom, depth; **au fond,** at bottom, basically; in the background, at back of stage

la **force,** strength

forcené, furious

forcer, to force, break through

former, to form
fort, strong; very, very much, strongly, quite; **aussi fort que,** as hard as I can
la **fortune,** fate, chance, fortune, luck
fou (fol, folle), wild, mad, insane
la **foule,** crowd
fouler, to trample, oppress
le **fracas,** noisy tumult; **à grand fracas,** noisily, boisterously
frais, fraîche, fresh
le **frais,** expense, expenditure; **faire de grands frais,** to go to a lot of trouble
franc, franche, frank, open
franchir, to climb over, scale
frapper, to pound, knock, strike
fredonner, to hum
le **fripier,** one who sells old clothes
froid, cold
le **front,** forehead: **de front,** head on or side by side
le **fruit,** les **fruits,** fruit
fuir, to flee, run away
la **fuite,** flight
la **fumée,** smoke
fumant, smoking
fumer, to smoke
la **fureur,** fury
furieux, furieuse, furious
le **fusil,** gun

G

gagner, to win, earn
le **galant,** dashing young man, suitor, boy-friend, ladies man
galant, gallant, ingratiating, affable; **faire le galant,** to dance attendance on women
la **galerie,** corridor, gallery
le **gamin,** urchin
le **garçon,** boy
la **garde,** guard; **corps de garde,** guard house; **garde montante,** guards going on duty; **garde descendante,** guards going off duty; **prendre garde, en garde,** watch out! **garde navarraise,** the Navarre style of defending oneself in a knife fight

garder, to watch, guard, keep guard, keep
gare! Beware! Look out!
le **gars,** young fellow, "guy"
gauche, left, awkward; **à gauche,** on the left
le **général,** general
les **gens,** m., people; **jeunes gens,** young men, young people
gentil, gentille, nice, sweet
gentiment, nicely, sweetly
le **geôlier,** jailer
le **geste,** gesture; noble gesture
la **gesticulation,** gesture
gesticuler, to make a lot of gestures
la **giberne,** cartridge box
glisser, to slider, glide, slip
la **gloire,** glory
la **grâce,** grace
le **grade,** rank
grand, big, great, large, tall; **grand merci,** thank you very much; **grand'peine,** much difficulty
le **gré,** will, caprice; **agir à son gré,** to do what one pleases; **à mon gré,** to my taste
grignoter, to gnaw, nibble
la **grille,** grating, set of bars; gate
la **grimace,** ugly facial expression; **faire la grimace à,** to make a face at
grincer, to squeak, squeal; **grincer des dents,** grit one's teeth
gros, grosse, fat, stout, thick, bulky
le **groupe,** group
grouper, to group
guère (with **ne** before the verb), hardly, scarcely
la **guerre,** war
guetter, to spy, keep watch, watch for
le **guide,** guide
la **guitare,** guitar

H

habiller, s'habiller, to dress
l'**habit,** m., suit of clothes; coat
habiter, to dwell, live
l'**habitude,** f., habit
la **haie,** hedge

haïr, to hate
haletant, panting
Halévy (Ludovic), écriv a in français, né à Paris (1834–1908)
la halte, halt, stop during a march; Halte!, Stop!
la hanche, hip
harceler, irritate, goad, provoke
hardi, bold
le hasard, chance
le haussement, shrugging (of shoulders)
hausser, raise up, lift up
haut, high, tall; au haut de, from the top of; du haut en bas, from top to bottom; haut, à haute voix, aloud; haut lances! Raise your lances! en haut, in Heaven, up there; la tête haute, with head held high
la hauteur, height, high place; disdain, arrogance
hé! Interjection to call attention, to express surprise or regret; repeated: hé! hé! hé! expresses mirth, Ho! Ho! Ho!
hélas! Alas!
hériter, to inherit
hésitant, hesitant, hesitating
l'hésitation, f., hesitation
hésiter, to hesitate
l'heure, f., hour; tout à l'heure, a little while ago, in a little while; de bonne heure, early; à la bonne heure! Well! All right! That's a good idea!
heureux, heureuse, happy, fortunate
hier, yesterday
l'histoire, f., story, history
holà! stop! hey! come here!
l'homme, m., man
l'honneur, m., honor; affaire d'honneur, duel
honnête, honest
la honte, shame
hors, beyond, outside; hors de, outside
houx! interjection used for calling out to someone, or stopping him; close in meaning to holà!
huit, eight

hum! interjection expressing doubt or impatience
humblement, humbly
hurler, to cry out, howl, yell

I

ici, here
l'idée, f., idea
idolâtrer, to idolize
il y a, there is, there are; in front of a word of time measurement, ago: il y a un mois, a month ago
imiter, to imitate
immobile, motionless
impassible, impassive
impertinent, impertinent
impitoyable, pitiless
implorer, to implore
importer, to matter; qu'importe? What does it matter?
impossible, impossible
imprudent, bold, rash
indécis, undecided
indécision, indecision
indifférent, indifferent
l'indignation, f., indignation
indigne, unworthy
indigner, to make angry
indiquer, to indicate, show, designate
indiscret, indiscreet
infâme, infamous, vile
l'infâmie, f., infamous deed or slanderous word, infamy
inflexible, unyielding
inquiet, uneasy, worried
insister, to insist
l'inspection, f., inspection
installer, to install; s'installer, to take possession
l'instant, m., instant
l'instrument, m., instrument
l'insulte, f., insult
insulter, to insult
intéresser, to interest; s'intéresser à, to be interested in
intérieur, inner, inside
interpeller, to question formally; s'interpeller, to call to one another
interrompre, to interrupt

intrépide, fearless
l'invitation, *f.*, invitation
inviter, to invite
ivre, drunken

J

Jacques (de Séville), local "Joes"
le jade, jade
jadis, formerly
jaloux, jealous
la jalousie, jealousy
jamais, ever; with ne, never
jaune, yellow
jaser, to chat
jeter, to throw, fling
le jeu, game; même jeu, same bit of
stage business; jeu de scène,
pantomime, stage action
jeune, young
la joie, joy
joindre, to join
joli, pretty
jouer, to play, to fight over, wager
le jour, day
joyeux, joyful
juger, to judge
la jupe, skirt
le jupon, petticoat, skirt
jusque, jusques, jusqu'à ce que,
right to, until
juste, right, fair, exact, exactly; au
juste, exactly
justement, justly, precisely; that's
right

L

là, there; là-bas, yonder, down
there; là, là! there, there! là-
dedans, inside; là-dessus, thereupon
laid, ugly
laisser, let, allow, permit; leave
behind
le laiton, brass; fil de laiton, brass
wire
la lame, blade, sword
la lance, lance
lancer, to fling, fling out
le laquais, servant, foot servant in
livery
las, lasse, weary, bored
léger, légère, light, slight

lentement, slowly
lequel, laquelle, which, whom,
which one?
leste, agile, quick
la lettre, letter
leur, to-them; their
lever, to lift, raise; se lever, get
up; au lever du rideau, when
the curtain goes up
la lèvre, lip; du bout des lèvres,
lightly
la liberté, liberty
libre, free
lier, to tie, bind
le lieu, place; au lieu de, instead
la lieue, league
le lieutenant, lieutenant
la ligne, line
la lime, file
lire, to read
le livre, book
livrer, to deliver; se livrer, yield
oneself entirely to
le logis, dwelling; maréchal des
logis, barracks sergeant
la loi, law
loin, far, far away; de loin, au
loin, from afar, in the distance
lointain, distant, far-away; dans
le lointain, in the distance
long, longue, long
la longueur, length
longtemps, for a long time
la lorgnette, opera glasses
lorsque, when
le loup, wolf

M

la main, hand
maintenant, now
maintenir, to keep, maintain
mais, but; well; sometimes, as an
introductory word, it need not be
translated
le maître, master
la maîtresse, mistress; woman in
charge
mal, badly; c'est mal à toi, it is
unkind of you; vous arrivez fort
mal, you arrive most inopportunely

le **mal,** evil, affliction
la **maladresse,** clumsiness
malheureusement, unfortunately
malheureux, unhappy, unfortunate
le **manche,** handle; la **manche,** sleeve; **manche à manche,** closely matched
manger, to eat, squander
la **manière,** manner, way
le **manteau,** coat
la **mantille,** mantilla, lace shawl
la **manufacture,** factory
le **manzanilla,** white wine of Spain
le **maquila, makila,** a cane reinforced with metal, used in the Basque country; iron-tipped club
le **marchand,** merchant, vendor
la **marchandise,** merchandise
marchant, walking
la **marche,** step of a staircase; the action of walking; march, marching song
marcher, to walk, march; **faire marcher de front le devoir et l'amour,** to keep love and duty from conflicting
le **maréchal,** marshal, sergeant
le **mari,** husband
le **mariage,** marriage
marier, se marier, to marry
marquer, to note, mark, indicate, to keep time; **marquant le pas,** keeping in step
maternel, maternal
la **matière,** matter, substance, subject
maudit, cursed, damned
maudire, to curse
mauvais, bad
Meilhac (Henri), auteur dramatique français, né à Paris (1831–1897)
mélancolique, melancholy
mêler, to mingle, mix, join; to shuffle (cards)
le **melon,** melon; imbecile
même, same, very, even; **le ciel même,** Heaven itself; **tout de même,** nevertheless, all the same
la **menace,** threat
menacer, to threaten
le **ménage,** household; domestic routine; **faire bon ménage,** to get along together
mentir, to lie, prevaricate
merci, thanks; **être à la merci de,** to be at the mercy of; **dieu merci!** Thank Heaven!
la **mère,** mother
Mérimée (Prosper), écrivain français, né à Paris (1803–1870)
la **merveille,** marvel; **à merveille,** very good; **ça se trouve à merveille,** that's a great stroke of good luck
mésallier, to mismatch; **se mésallier,** to choose as a mate someone of lesser social standing than oneself
le **messager,** messenger
messieurs (plural of **monsieur**), gentlemen
métallique, metallic
le **métier,** trade; loom
mettre, to put, place, put up, put on; **se mettre à,** to begin; **se mettre contre,** to get together against; **se mettre à leur aise,** to get "comfortable"; **mettre à la porte,** throw out; **se mettre en marche,** set out; **se mettre en quatre,** to put oneself out
le **mien,** mine; **les miens,** my friends, my dear ones
mieux, better; **au mieux,** as well as possible; **à qui mieux mieux,** striving to outdo one another; **de mon mieux,** as best I can
mignon, mignonne, delicate, nice, pleasing; **ma mignonne,** my darling
le **milieu,** middle; **au milieu de,** in the middle of
militaire, military
le **militaire,** soldier
mimé, acted out, pantomimed
minauder, to flirt, behave in an affected "prissy" way
la **mine,** appearance, look, facial expression
la **minute,** minute
la **mise-en-scène,** setting, stage set
moi, me; **à moi,** mine; **à moi!** Help!

moi-même, myself
moindre, least
moins, less, minus; du moins, au moins, at least; à moins que, unless; pas moins, all the same, nonetheless
le mois, month
la moitié, half; à moitié, in part; dégaine à moitié, starts to pull out his sword
le moment, moment
le monde, world; tout le monde, everyone; beaucoup de monde and du monde, a lot of people
monsieur (courteous address), sir, mister; le monsieur, gentleman
la montagne, mountain
montant, going up; garde montante, guards going on duty
monter, to mount, go up, come up, drift up
montrer, to show, to point out to
moquer, se moquer de, to make fun of
le morceau, bit, piece, morsel, musical number
mordre, to bite
morose, sullen, somber
la mort, death; past participle of mourir; mort, dead
le mot, word; un mot de raison, anything that makes sense
le motif, motive; recurring characteristic musical phrase
mourir, to die; se mourir, to be near death, to die away, fade out
le mouton, sheep, lamb
le mouvement, movement
mouvoir, to move
le moyen, means; intermediary; les moyens, resources
le mur, wall
mûr, ripe
la muraille, thick high wall; rampart
murmurant, murmuring
murmurer, to murmer
musical, musical
la musique, music

N

naguère, formerly
naître, to be born

naïvement, ingenuously
la natte, braid
naturel, natural
la navaja, long Spanish knife with a narrow curved blade
navarrais, from Navarre, Basque province in the Pyrénées between France and Spain; foi de Navarrais, I give you my solemn word as a Navarrese
le navire, ship
né, née, born
nécessaire, necessary
n'est-ce pas, right? isn't that so?
net, nette, clean, spotless, clear
nettement, clearly, plainly, emphatically
ni ... ni, neither ... nor
niais, simple, guileless, unsophisticated
nier, to deny
noir, black
le nom, name
non, non pas, no
la note, note
notre, our; le nôtre, ours; des nôtres, one of us
nous-mêmes, ourselves
nouveau, nouvel, nouvelle, new; les nouvelles, f., news
nuisiblement, harmfully
la nuit, night
nul, nulle, not any, none

O

obéir, to obey
l'objet, m., object
obliger, to oblige; to render service
observer, to observe
obstiné, obstinate
obtenir, to obtain
occuper, to occupy; s'occuper de, to be busy with; be concerned with
l'œil, m., eye (plural: les yeux)
l'œuvre, f., work, literary or artistic product
l'officier, m., officer
l'oiseau, m., bird
on, l'on, one, people in general, "they", "you," "we," someone
l'opéra-comique, distinguished from Grand Opéra by having its musical numbers interspersed with spoken

dialogue, while grand opera is sung throughout. Shortly after Bizet's death, Ernest Guiraud supplied récitatives to replace the spoken dialogues in the original opéra-comique version of Carmen, so that Carmen may be presented as grand opéra as well as opéra-comique.

opérer, to work, operate
or, now
l'**or,** *m.,* gold
l'**orage,** *m.,* storm
l'**orange,** *f.,* orange
l'**orchestre,** *m.,* orchestra
ordinaire, ordinary, usual, customary; **à son ordinaire,** as usual
l'**ordre,** *m.,* order
l'**oreille,** *f.,* ear; **prêter l'oreille,** to listen
l'**orgueil,** *m.,* pride
l'**orphelin,** l'**orpheline,** *m. and f.,* orphan
oser, to dare
ôter, to remove, take off
ou, or; **ou . . . ou,** either . . . or
où, where; **au moment où,** at the moment when
oublier, to forget
oui, yes
ouvert, open
l'**ouvrier,** l'**ouvrière,** *m. and f.,* worker
ouvrir, to open

P

la **page,** page (as in a book)
le **page,** page-boy
le **pain,** bread; loaf of bread
la **paix,** peace
la **pantomime,** pantomime, scene acted out in gestures without words
par, by, via; **par-dessus,** above
la **parade,** parade; review of troops as at the changing of the guard
le **paradis,** paradise
paraître, to appear, seem
le **parapet,** breast-high defensive wall
parce que, because

pardi! pardieu! familiar oath, By Heaven!
le **pardon,** pardon
pardonner, to pardon
parer, to adorn; to parry, ward off
parfaitement, perfectly; yes, of course
le **parfum,** perfume
parfumer, to perfume
parfumé, fragrant, perfumed
parier, to wager, bet
parler, to speak, talk
le **parler,** talk, speech; **doux parler,** sweet talk
parmi, among
la **parole,** word, tone of voice; promise
la **part,** part; **à part,** aside; **quelque part,** somewhere; **pour ma part,** as far as I am concerned; **de sa part,** from her
particulier, particulière, special, particular
la **partie,** part, portion, party
partir, to leave, depart
partout, everywhere
paru, appeared (past participle of **paraître**)
le **pas,** pace, step; **marquer le pas,** to beat time with the foot; **au pas,** in step; **de ce pas,** right now
le **passage,** passage; **attendre quelqu'un au passage,** to wait for the moment when someone comes by; **se placer sur le passage de . . .** to stand at the place where . . . will go by
le **passant,** passerby
le **passé,** the past
passer, to pass; **se passer,** to happen
le **passe-temps,** pastime
le **patron,** proprietor, boss; **patron de navire,** ship owner
la **paume,** the game of pelota or jai-alai: played in a large walled court, players having long curved wicker racket attached to the arm; a ball like a baseball is hurled from the racket against the wall, caught in the racket of the oppon-

ent and again hurled against the wall. Point is lost if player fails to return ball properly.

la **paupière,** eyelid

pauvre, poor

payer, to pay, pay for

le **pays,** country, region, district, place of birth, "home"; compatriot, someone from one's home district

la **payse,** female compatriot, woman or girl from one's home town

la **peau,** skin; **à fleur de peau,** skin deep

la **peine,** trouble, punishment, suffering, affliction, difficulty, poverty; **donnez-vous la peine de,** be so good as to; **prendre la peine de,** to take the trouble to; **sous peine de mort,** on pain of death; **à peine,** scarcely, hardly; **mourir à la peine,** work oneself to death

pencher, se pencher, to lean

pendant, during; **pendant que,** while

penser, to think

perdre, to lose; **perdre de vue,** to lose sight of, forget

le **père,** father

le **péril,** danger

permettre, to permit

la **permission,** permission; military pass or permit

le **personnage,** personage, character

la **personne,** person, anybody; **personne** with **ne,** nobody

petit, little, small (in size)

la **petite,** young girl, little girl

peu, little, not much (quantity); **un peu,** a little

peuh! exclamation of scorn

la **peur,** fear; **avoir peur,** to be afraid; **faire peur,** to frighten

peut-être, perhaps

la **philosophie,** philosophy; **avec philosophie,** philosophically

la **phrase,** sentence; words

le **picador,** man on horseback who uses a lance to enrage the bull

la **pièce,** piece, fragment, item; room; theatrical piece or drama

le **pied,** foot

la **pierre,** stone

les **pierreries,** *f.,* jewels, precious stones

le **pique,** suit of spades in cards

piquer, to sting, pick, prick

pis, worse; **tant pis,** all the worse for

le **pistolet,** pistol

la **pitié,** pity

pittoresque, picturesque

la **place,** place, position, public square; **place!** make way! Make room!

placer, to place

plaire à, to please; **il me plaît,** I like him

le **plaisir,** pleasure

le **plan,** plan, plane; area of the stage: **au premier plan,** front stage

planter, to plant; **arrive qui plante,** what's to be will be

le **plateau,** tray, platter, plateau

plein, full; **en plein cœur,** right in the heart

pleurer, to weep, weep for

pleuvoir, to rain

plus, more; **plus que,** more than; **ne . . . plus,** no longer, no more; **tout au plus,** at the most; **plus de,** no more

plusieurs, several

la **poche,** pocket

le **poignard,** dagger

la **poignée,** fistful, handful; hilt; **poignée de main,** handshake

le **poignet,** wrist

le **point,** point, dot: embroidery; **ne . . . point,** emphatic negative, not at all, not in the least; **point de,** no

la **pointe,** point; **pointe des pieds,** tiptoe

la **poitrine,** breast, chest, bosom

le **pont,** bridge

le **populaire,** crowd, rabble, mob

populaire, popular

populairement, popularly

la **porte,** door, gate; **mettre à la porte,** to throw out, eject unceremoniously

le **porte-clefs,** jailer
porter, to carry, take; **porter un coup,** to strike a blow
possible, possible
le **poste,** military post; barracks; station; position
pour, for, in order to; **pour que,** in order that; **pour lors,** then
pourquoi, why; **pourquoi faire?** what for?
pourrir, to rot
poursuivre, to follow, pursue
pousser, to push, to grow
la **poussière,** dust
le **pouvoir,** power
pouvoir, to be able, can, could; **il se peut que,** it is possible
praticable, usable
la **précaution,** precaution
précéder, to precede
précipitamment, hastily
précipiter, to hurl, fling down, rush upon
préférer, to prefer
prélasser, to look smugly content, to sprawl comfortably
le **prélude,** prelude
premier, première, first; **au premier plan,** front stage
prendre, to take, get, seize; **prendre la peine,** take the trouble to, be so good as to; **prendre garde,** watch out; **nous les prenons sur ce ton-là!** So we're going to take that attitude! **s'y prendre bien,** to go about something well; **s'en prendre à quelqu'un d'une chose,** put someone in charge
préparer, se préparer, to get ready
près de, near; **de près,** up close; **à peu prés,** almost, nearly
la **présence,** presence
présenter, to present
presque, almost
pressé, in a hurry
presser, to press; pursue relentlessly; hasten, crowd together
présumer, to presume, guess, count on
prêter, to lend; **prêter l'oreille,** to listen intently

prévenir, to warn, tip off
prier, to beg, pray; **je vous prie! je vous en prie!** formula of politeness or of challenge: Please! Go right ahead!
la **prière,** prayer
pris, taken, captured (past participle of **prendre**)
la **prison,** prison
le **prix,** prize, price, value
prochain, next, neighboring
profiter, to profit
prefondément, profoundly
le **programme,** program
la **proie,** prey, victim
la **promenade,** walk, stroll, promenade; **promenade aux flambeaux,** torchlight parade
promener, se promener, to walk, go for a walk
la **promesse,** promise
promettre, to promise
prononcer, to pronounce
le **propos,** conversation, gossip, firm decision; **propos d'amour,** love talk; **à propos,** opportunity, suitable; **juger à propos,** to think something a good idea; **à tout propos,** at every instant
protéger, to protect
la **province,** province; les **provinces,** the Basque provinces
provoquer, to incite, provoke, dare
prudent, prudent, wise
public, publique, public
puis, then, next
puisque, since
puni, punished
punir, to punish

Q

la **quadrille,** groupe of toreadors in parade formation, quadrille
quand, when
quant à, as for
le **quartier,** quarter; barracks or bivouac occupied by troops
quatre, four; **se mettre en quatre,** to do everything in one's power, to "move heaven and earth"
que, that; as, than; what, whom,

which; **ne . . . que,** only, not until; **c'est que,** it is because; **que de!** How many!

quel, quelle, what? which? what-a!

quelque, quelques, some, a few

quelque chose, something

quelqu'un, somebody

la **querelle,** quarrel

qu'est-ce que c'est que? What is

qui, who, whom, which, that

la **quinzaine,** about fifteen; two weeks

quinze, fifteen

quitter, to leave

quoi, what; **gagner de quoi,** to earn enough money to; **sans quoi,** otherwise; **de quoi boire,** something to drink

R

râcler, to scrape, twang

raconter, to tell, relate, narrate

radieux, radieuse, radiant

la **rage,** rage; **faire rage,** play furiously

raiguiser, to resharpen

railler, to mock, jeer at, tease

railleur, railleuse, mocking

la **raison,** reason; **avoir raison,** to be right; **un mot de raison,** a sensible word

ramasser, to pick up

le **rang,** order, rank, row

ranger, to arrange; **se ranger en ligne,** to line up

rapide, swift

rapidement, quickly

rappeler, to call back, recall

rapprocher, se rapprocher, to draw nearer

rassurer, to reassure

le **râtelier,** rack (for lances, guns)

rattacher, to put back on, reattach

ravir, to delight

rebelle, rebellious, rebel

recevoir, to receive

rechigné, sulky, bad-tempered

la **réclame,** fame; **faire de la réclame,** advertise

recommencer, to begin again

reconnaissant, grateful, recognizing

reconnaître, to recognize

recueillir, to gather, put together, harvest, reap; to inherit; to take in, shelter

reculer, to withdraw

redevenir, to become once more

redoutable, fear-inspiring

redouter, to be very much afraid of

redresser, to straighten, reform, reprimand; **se redresser,** to straighten up

le **refrain,** refrain

refuser, to refuse

régaler, to delight; to offer a feast or much amusement to; to treat

le **regard,** glance

regarder, to look at, watch; concern; **le reste me regarde,** leave the rest to me

le **régiment,** regiment

le **règlement,** rule

regretter, to regret, be sorry

rejoindre, to rejoin

relevé, noble, lofty

relever, to lift up, relieve; **se relever,** to get up again

reluire, to shine

remarquer, to notice

le **remède,** remedy, cure

remercier, to thank

remettre, to put back, deliver, hand over; to restore to health; **se remettre à,** to go back to, begin something again; **se remettre,** to pull oneself together

remonter, to go back up

remplacer, to replace

remplir, to fill

rencontrer, to meet, encounter

le **rendez-vous,** appointment, meeting-place

rendre, to give back, render, give, repay, make

le **renseignement,** information

rentrer, to come back, go back, go back home, re-enter

renverser, to upset, push over

reparaître, to reappear

répéter, to repeat

replacer, to put back in place

la **réplique,** retort
répondre, to reply, answer, assure; **répondre de,** to answer for
la **réponse,** answer
repousser, to push back, repel, reject, inspire repulsion
reprendre, to continue, resume, take again, put on again, rehire
la **reprise,** recapture, regaining, resumption; **reprise du chœur,** chorus begins to sing again
résigner, to resign
la **résistance,** resistance
résister, to resist
respectueusement, respectfully
respectueux, respectueuse, respectful
respirer, to breathe, inhale
ressembler, to resemble
le **reste,** remainder; **le reste me regarde,** leave the rest to me; **du reste,** moreover
rester, to stay, remain
le **retard,** tardiness; **en retard,** late
retenir, to detain, retain, hold back
retirer; to take out, remove, pull back; **se retirer,** withdraw, go away
le **retour,** return; **être de retour,** to be back
retourner, to return; **se retourner,** to turn around
la **retraite,** retreat, retirement; signal for soldiers to be back in barracks
retrouver, to find again
réussir, to succeed, manage to
la **revanche,** revenge; **en revanche,** on the other hand, on the contrary
le **rêve,** dream
réveiller, to awaken
revenir, to come back
rêver, to dream
revoir, to see again; **au revoir,** goodbye
la **révolution,** revolution
riant, laughing
riche, rich
le **rideau,** curtain
rien (with **ne**), nothing, not anything; **de rien,** very small, unimportant; **rien que,** only; **cela**

(**ça**) **ne fait rien,** that doesn't matter; **rien n'y fait,** nothing avails, nothing is any use; **rien de bien,** nothing good, anything good
riposter, to retort, refute
rire, to laugh; **éclat de rire,** burst of laughter
risquer, to risk, dare
river, to rivet, attach firmly together
le **rocher,** rock
la **romalis,** a gypsy dance
rompre, to break
rouge, red
rouler, to roll, fall down
la **route,** road; **en route!** Let's start out, let's get on the way!
royal, royal
le **ruban,** ribbon
la **rumeur,** noise, murmur
rudement, severely
le **rythme,** rhythm
rythmer, to rhyme, harmonize

S

le **sable,** sand
le **sabre,** saber
sage, wise, good, well-behaved
saint, holy; saint
saisir, to seize
la **salle,** room, large room
saluer, to greet, salute
le **salut,** salvation; salutation, greeting
le **sang,** blood
sanglant, bleeding, bloody
sangler, to let blood; to whip
sans, without
sauter, to jump; **faire sauter,** to burst open
sauvage, wild, untamed, shy
sauver, to save; **se sauver,** to run away, leave quickly
savoir, to know, know how
la **scène,** stage, scene; **en scène,** on stage
scier, to saw
sec, sèche, dry
second, second
secouer, to shake

le **secours,** help; **au secours!** Help! **il faut aller à son secours,** we must help her

secret, secret

la **séguedille, seguidilla,** popular Spanish dance tune

le **seigneur,** title of rank; señor; with capital letter: God

la **semaine,** week

sembler, to seem

señor, señora, Spanish: Monsieur, Madame

la **sentinelle,** sentinel

sentir, to feel

séparer, to separate; **se séparer,** to part

sept, seven

le **sergent,** military or police sergeant

sérieux, sérieuse, serious

le **serment,** oath, pledged word, solemn promise

serrer, to squeeze, pull tight; **serrer les dents,** to grit or gnash one's teeth

serviablement, usefully

le **service,** service, military service; **être en service, être de service,** to be on duty

servir, to serve, be useful; **se servir de,** use; **ne servir à rien,** to be no good, no use

le **serviteur,** servant

seul, alone, only, single

seulement, only

le **shako, schako,** visored hat worn with military uniform

si, if, so, yes, however; **si fait!** Oh yes indeed!

le **signe,** sign

le **silence,** silence

silencieusement, silently

simple, simple, unadorned, mere, ingenuous, just-a

simplement, simply

sincère, sincere

le **sistre,** sistrum, an ancient Egyptian instrument of music still used by the gypsies

le **site,** site

six, six

la **sœur,** sister

soi, oneself

la **soie,** silk

le **soir,** evening

sois, first and second person singular present subjunctive of **être,** to be

soit . . . soit, either . . . or; **soit!** All right, agreed! **ainsi soit-il!** Amen, so be it!

le **soldat,** soldier

le **soleil,** sun

la **solitude,** solitude

le **sombrero,** broad-brimmed hat

la **somme,** sum, addition; **somme toute, en somme,** in short

le **sommeil,** sleep; **avoir sommeil,** to be sleepy

son, sa, ses, his, her, its

le **son,** sound

songer, to think, dream

sonner, to ring, ring out, sound

la **sonnerie,** ringing; **sonneries de clairons,** trumpet blasts

le **sorcier,** la **sorcière,** wizard, witch, sorcerer

le **sort,** fate, destiny

la **sorte,** sort; **en sorte que, de sorte que,** in such a way that, so that

la **sortie,** exit

sortir, to go out, leave, come out

le **souci,** care, concern

souffrir, to suffer, allow, permit

le **soulier,** shoe, slipper

soupçonneux, soupçonneuse, suspicious

souriant, smiling

le **sourire,** the smile

sourire, to smile

sous, under

soutenir, to hold up, support

le **soutien,** support

le **souvenir,** memory, recollection; **se souvenir de,** to remember

souverain, sovereign, supreme

le **spectateur,** la **spectatrice,** spectator

stupéfait, astonished

su, known; past participle of **savoir,** to know

subir, to submit, undergo

suffire, to suffice, be adequate

la **suite,** following, train of followers;
à la suite, after; **tout de suite,**
immediately
suivant, following
suivre, to follow
le **sujet,** subject; **au sujet de,** con-
cerning; **en bon sujet,** like a law-
abiding fellow
superflu, superfluous, extra, wasted
supplier, to beg
supposer, to suppose
sur, on
sûr, sure, certain
surprendre, to surprise, catch
unawares
la **surprise,** surprise
surtout, especially, above all

T

le **tabac,** tobacco
la **table,** table
tâcher, to try
la **taille,** height, waist, figure; **se
laisser prendre la taile,** to let
someone put his arm around one's
waist
taire, se taire, to be quiet, to
become silent
le **tambour,** drum
tant, so much, so many, as much;
tant mieux, so much the better;
tant pis, so much the worse, too
bad!
le **tapage,** tumultuous noise; racket
tard, late; **il se fait tard,** it's getting late; **plus tard,** later, later on
tarder, to defer, delay
le **taureau,** bull
la **tauromachie,** bullfight, bullfight-
ing
la **taverne,** tavern, cabaret
le **teint,** complexion, color of skin,
dye-color
le **temps,** time; **à temps,** in time; **de
temps en temps,** from time to
time; **tuer le temps,** to kill time
tendant, tending to
tendre, to offer, stretch or hold out
tendrement, tenderly
tenez! Look!
tenir, to hold, keep, get; **tenir**

compagnie, to keep company;
tu crois le tenir, You think
you've got him; **se tenir,** to
remain, to stand,
terminer, to finish
la **terrasse,** terrace
terrasser, to fling to the ground,
conquer; depress
la **terre,** earth; **à terre, par terre,** on
the ground, on the floor
la **terreur,** terror
terrible, terrible
la **tête,** head; **en tête,** in mind
le **théâtre,** theater, stage
le **tien,** yours
tiens! Well! So!
timide, timid, shy
tinter (of a bell): to jingle, ring
tirer, to pull, pull out; drag
le **toast,** toast drunk to someone
tombant, falling; **tombant sur,**
hanging down to
tomber, to fall, fall down
ton, ta, tes, your (familiar form)
tonner, to thunder
le **tonnerre,** thunder
la **toque,** cap
toquer, to touch, strike (passive:
to be "touched," deranged)
le **torero,** the bullfighter
le **toril,** pen for bulls at bullfight
el toro, bull (Spanish)
le **torrent,** torrent
le **tort,** wrong; **avoir tort,** to be
wrong, be mistaken; **faire tort
à,** harm
tôt, soon
toujours, always, still
le **tour,** turn; stroll; trick; le **tour est
fait,** the deed is done; **à tour de
bras,** with all their strength;
faire un tour, serve some time,
do a "hitch" (in prison)
le **tourbillon,** whirlwind
tourmenter, to torment
tournant, turning, spiral
tourner, to turn, turn out; **tourner
de l'œil,** to faint
tout, tous, tout ce que, all; **tout
à l'heure,** in a little while, a little
while ago; **tout le monde,** every-
body; **les bras tombant tout le**

long du corps, arms at sides;
tout de même, all the same;
tout à fait, completely; tout à
coup, tout d'un coup, suddenly;
tout au plus, at the very most;
tout en, while; tout de suite,
immediately; tout doux! easy
now!; pas du tout, not at all;
tout, sometimes is used for
emphasis only and need not be
translated, e.g. tout justement

trahir, to betray

le train, train, following, movement;
à fond de train, at top speed;
être en train de, to be engaged
in; aller son train, to keep on
going full tilt

le traitement, pay, treatment

tranchant, cutting, decisive

tranquille, quiet, tranquil, relaxed;
laisser tranquille, leave alone

tranquillement, placidly

le transport, transportation; enthusi-
asm, ecstasy

travailler, to work

le travers, bias; à travers, au travers, across

la traverse, beam; short-cut

traversant, crossing

traverser, to cross, walk across

trembler, to tremble

le trépas, death, decease

très, very

la tringle, little rod

trois, three

tromper, to deceive; c'est ce qui
vous trompe, that's where
you're wrong; se tromper, to be
mistaken

la tromperie, deceit

la trompette, trumpet

trop, too much, too many; too

le trou, hole

troubler, to trouble

trouer, to put a hole in

la troupe, band

le troupeau, herd, flock, gang

trouver, to find; se trouver, to be,
be situated

tuer, to kill; tuer le temps, to kill
time

U

un, une, one, a; les uns . . . les
autres, some . . . others

l'uniforme, m., uniform

l'univers, m., universe

l'usage, m., custom

utile, useful

V

va, third person singular present
tense of aller, to go; also second
person singular imperative

vaillant, brave

vain, en vain, in vain

vaincre, to conquer

le vainqueur, conqueror

valoir, to be worth, be as good as;
valoir mieux, to be better,
wiser, worth more

vanter, to praise, boast

veiller, to watch, stand watch,
watch out

le velum, canopy

vendre, to sell

vénérer, to venerate, respect

venir, to come; venir de plus an
infinitive: to have just

le vent, wind; au vent, in the breeze

la venue, arrival, coming; allées et
venues, comings and goings

la vérité, truth

le verre, glass

vers, toward

la vertu, virtue, property, quality

la veste, jacket

le veuf, la veuve, widowed person

la victoire, victory

la vie, life

vieil, vieille, vieux, old; vieux
chrétien (loosely), from a very
old family (since it was neither
Moorish nor Semitic)

vif, vive, alive, quick, lively

vilain, ugly, mean

le village, village

la ville, city

le vin, wine

vingt, twenty

violemment, violently

violent, violent

le visage, face

vite, quickly
vivat! shout of acclamation: Long
live . . . !

vive, lively; **Vive . . . !** Long live
. . . !
vivre, to live
voici, here is, here are
voilà, there is, there are; **voilà!**
see! **nous voilà!** Here we are! **il
y voilà!** He finally got around to
it!
voir, to see
la **voix,** voice; **à voix basse,** in a low
voice; **à voix haute,** aloud, loudly
la **volée,** flight; **jeter à la volée,** to
throw up in the air, toss
la **volerie,** theft
le **volet,** shutter
la **volonté,** wish, will; caprice
la **volupté,** voluptuousness, sensuous-
ness, delight
votre, vos, your

vouloir, to wish, want; **vouloir**

dire, to mean; **que voulez-vous?**
What do you expect? **en vouloir
à,** to have a grudge against, be
angry with
vous-même, yourself
le **voyage,** trip
voyez! voyons! See! Look!
vrai, true; really; **un mot de vrai,**
a word of truth
vraiment, truly, indeed, really
la **vue,** sight; **en vue,** in sight; **perdre
de vue,** to lose sight of

Y

y, there; in it, at it, to it, on it; **il
y a,** there is, there are
les **yeux,** *m.*, eyes (plural of œil)

Z

zébré, striped
la **zingarella,** gypsy woman (Italian
word)
zingara, zingaro, gypsy (Italian
word)

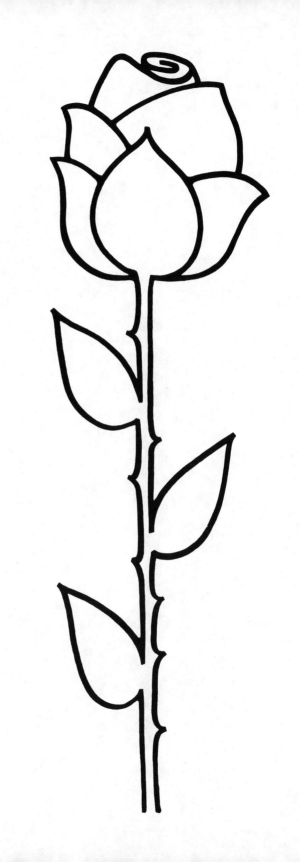